3

언어발달 촉진 프로그램

민이네 아침 풍경

구문촉진 활동 워크북

윤혜련 · 양수진 · 오세나 · 이경아 공저

학지사

학지사 심리검사연구소

머리말

〈언어발달 촉진 프로그램〉은 유치원부터 초등학교까지 아동의 언어발달을 촉진시키기 위한 목표로 개발되었다. 아동의 일상생활을 시간의 순서에 따라 아침부터 밤까지 여러 아동이 경험하는 상황들을 여덟 개의 장면에 담아 다양한 캐릭터와 사건으로 흥미롭게 구성하였다. 대부분의 캐릭터는 우리의 일상생활에서 흔히 만나게 되는 친숙한 사람들이고, 그 안에서 이루어지는 행동과 사건 역시 언어연령이 5세 이상인 학령기 아동이라면 쉽게 이해할 수 있는 내용으로 구성하였다. 이 프로그램의 첫 번째 이야기인 〈민이네 아침 풍경〉은 전체 이야기에 등장하는 주인공들이 아침 일과를 시작하는 내용으로, 어휘촉진과 구문촉진을 목표로 반복적인 연습을 할 수 있도록 하였다. 이 프로그램은 활동 지침서, 워크북(2권), 평가와 중재 기록지, 그림판으로 구성되어 있다.

- 활동 지침서: 그림판과 워크북을 사용하여 어떻게 언어중재 활동을 할 것인지를 자세하게 설명한 지침서다. 평가하기, 언어중재 목표 설정, 중재활동의 3개 장으로 이루어져 있다.
- 워크북: 활동 지침서의 순서에 따라 '어휘촉진 활동'과 '구문촉진 활동'으로 구성하였다. 필요한 부분을 오려서 개별 아동이 손쉽게 사용할 수 있도록 엮었다.
- 평가와 중재 기록지: 어휘평가 목록과 평가결과 기록지, 구문능력 종합평가표, 중재 목표 기록지 및 중재 결과 기록지로 구성하였다. 개별 아동에게 한 권씩 사용하기 편리하도록 별도로 엮었다.
- 그림판: 3층으로 된 다세대주택에 사는 세 가구의 가족이 등장하는 큰 그림으로, 뒷면에는 등장인물에 대한 간단한 소개가 있다.

워크북 사용 방법

- 이 워크북은 『민이네 아침 풍경–활동 지침서』의 차례에 따라 구성되었습니다. 따라서 모든 활동을 하기에 앞서 반드시 〈민이네 아침 풍경〉 그림판과 활동 지침서를 먼저 확인한 후에 워크북 활동을 시작해야 합니다.
- 워크북에 수록된 각 활동지의 상단에는 해당 활동의 제목이 적혀 있으며, 그 옆에는 해당 활동의 설명이 기술된 활동 지침서의 쪽수가 기록되어 있습니다.
- 한 권의 워크북은 한 명의 아동에게 개별적으로 필요한 내용으로 구성하였습니다. 대상 아동에게 필요한 활동을 활동 지침서에서 확인한 후, 워크북의 해당 쪽수를 찾아 낱장으로 오린 후 사용하도록 합니다. 활동을 마친 후 자료를 보관할 필요가 있을 경우에는 제목 옆에 날짜를 기입하고 별도의 파일로 묶어 보관하는 것이 좋습니다.
- 『민이네 아침 풍경』의 과제들은 개별 활동을 원칙으로 구성하였으나 두 명 이상의 소그룹에서도 사용할 수 있습니다.

차 례

활동 1 우리 가족 소개하기

활동 지침서 69쪽

활동 지침서 73쪽

민이	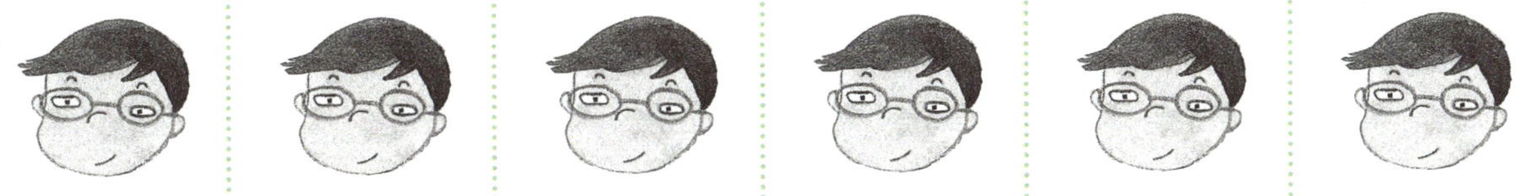
민이 엄마	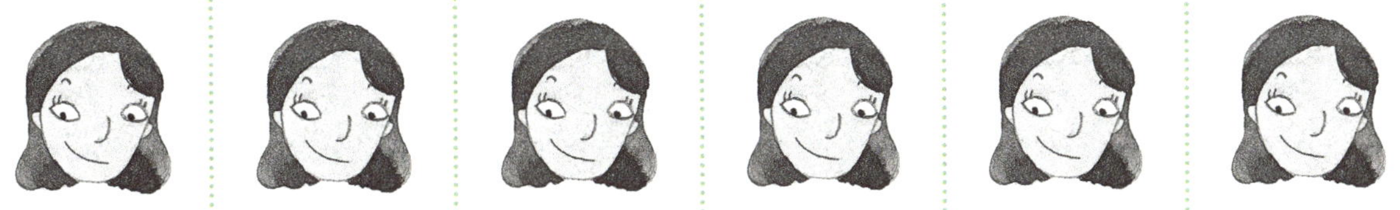
민이 아빠	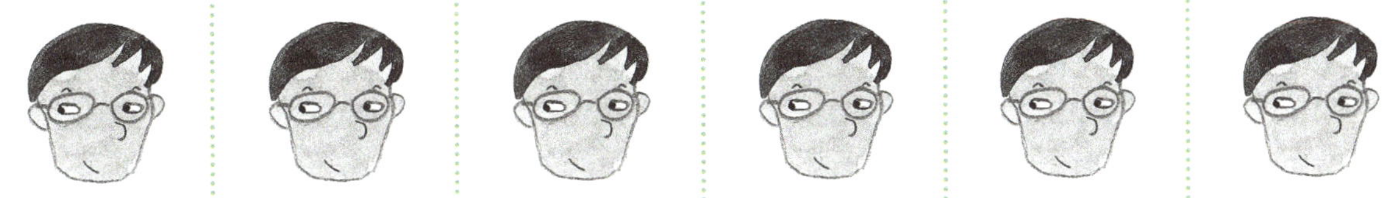
정아	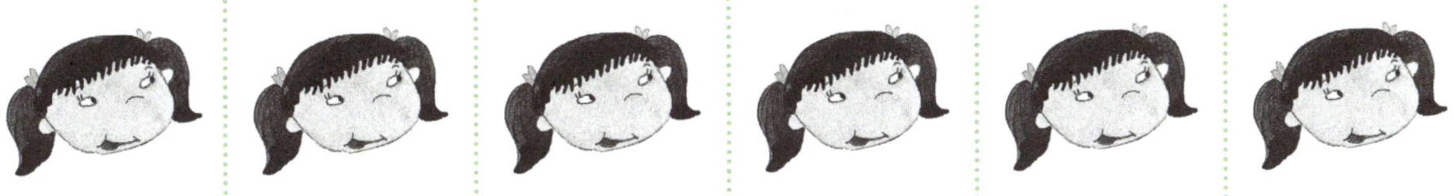
정아 엄마	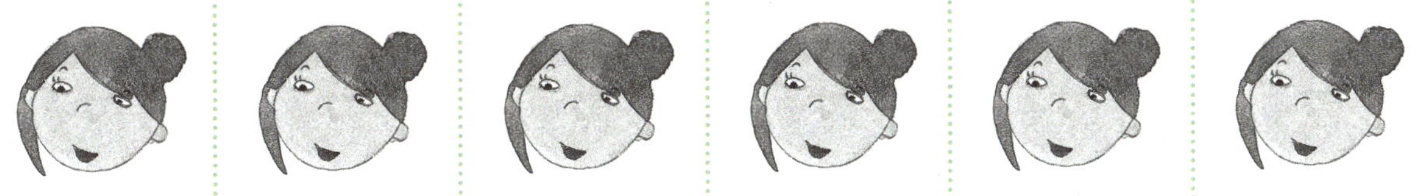
정아 아빠	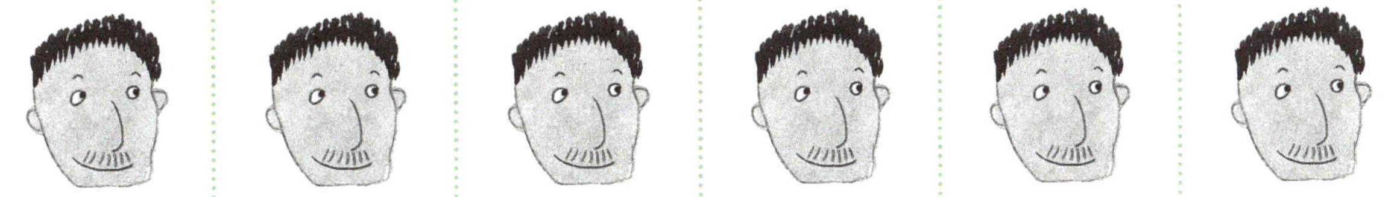
정아 할머니	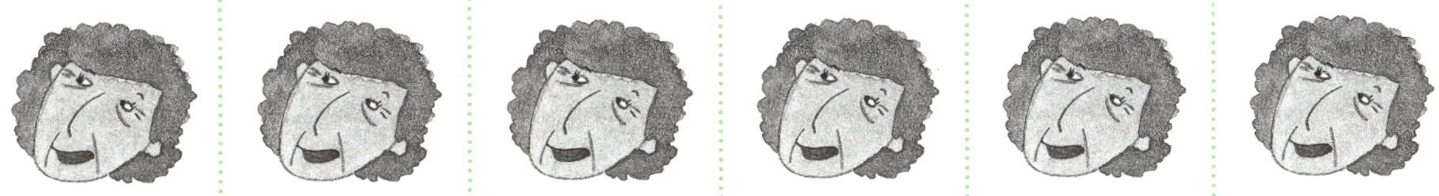
지수	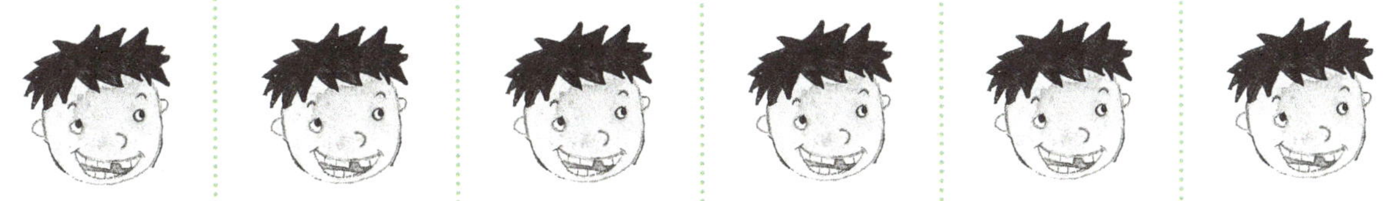
선미	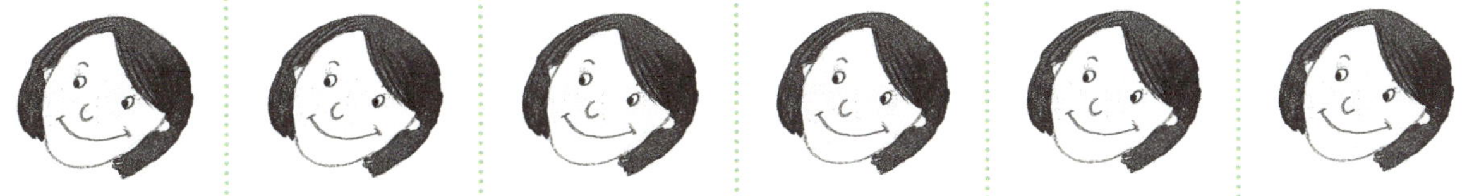

활동 2 아침 풍경 이야기 ②

활동 지침서 73쪽

이름
경미
지수 엄마
지수 아빠
지수 할아버지
아줌마 1
아줌마 2
아저씨
중학생 형

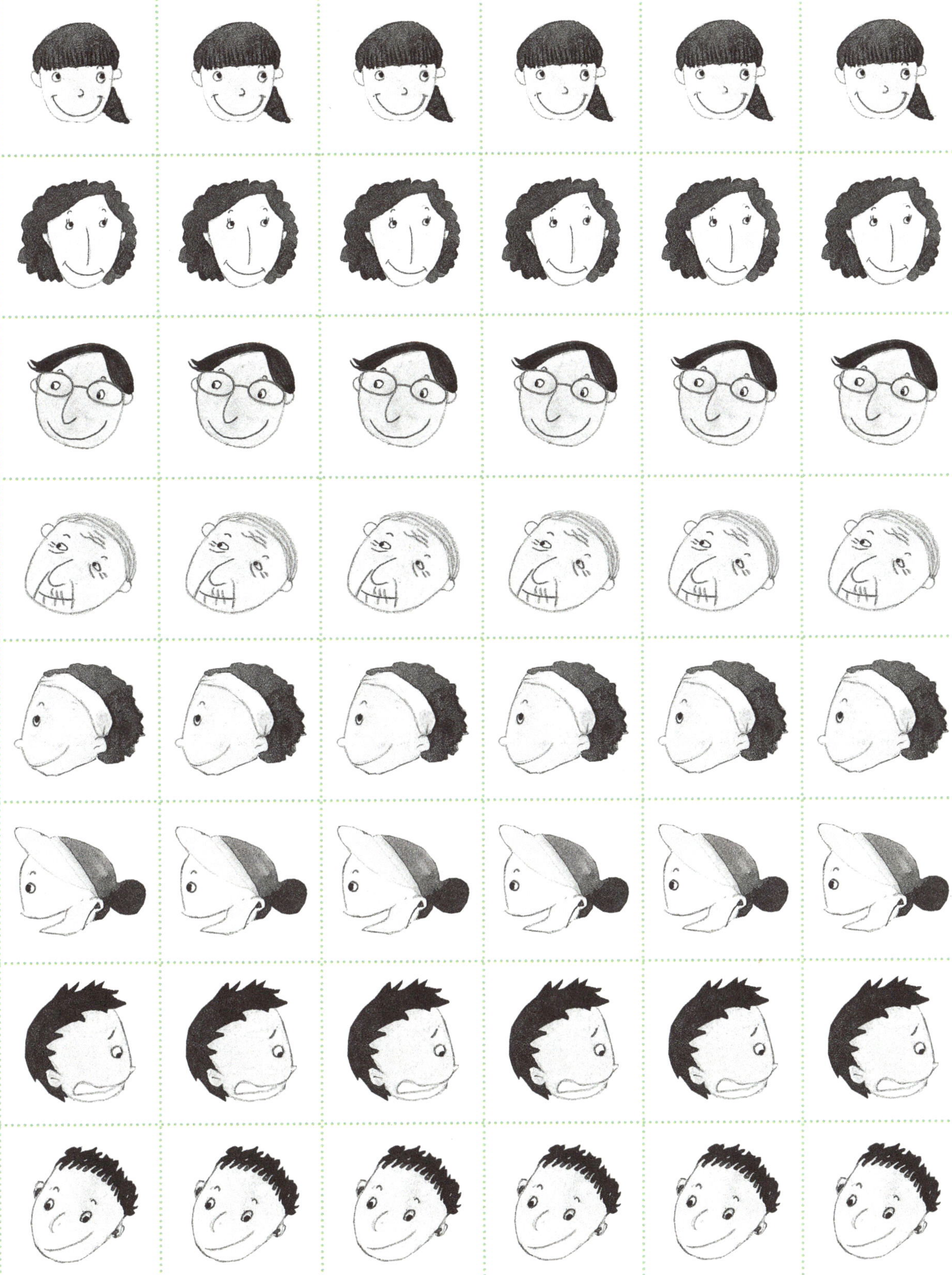

①

①-0

아빠가 신문을 보고 있어요.

①-A

아빠가 거실에 있어요.

①-B

아빠가 텔레비전을 켜 놨어요.

①-C

아빠가 소파에 앉아 있어요.

긴 문장 만들기 놀이 ②

활동 지침서 75쪽

②

②–0

민이가 똥을 누고 있어요.

②–A

민이가 화장실에 있어요.

②–B

민이가 만화책을 보고 있어요.

②–C

민이가 얼굴을 찡그리고 있어요.

③

③-0

민이 엄마가 화장을 하고 있어요.

③-A

민이 엄마가 출근을 할 거예요.

③-B

민이 엄마가 화장대 앞에 앉아 있어요.

③-C

민이 엄마가 거울을 보고 있어요.

활동 3 긴 문장 만들기 놀이 ④

④

④-0

정아 엄마가 아기한테 우유를 먹이고 있어요.

④-A

정아 엄마가 무릎을 꿇고 앉아 있어요.

④-B

아기는 배가 고파요.

활동 3 긴 문장 만들기 놀이 ⑤

활동 지침서 75쪽

⑤-1

⑤-2

⑤-3

⑤-4

⑤-1-0

아빠랑 할머니랑 정아가 아침밥을 먹고 있어요.

⑤-1-A

아빠랑 할머니랑 정아가 방바닥에 앉아 있어요.

⑤-2-0

정아가 밥을 먹고 있어요.

⑤-2-A

정아가 입을 크게 벌렸어요.

⑤-3-0

아빠는 젓가락으로 반찬을 집고 있어요.

⑤-3-A

아빠가 정아 옆에 앉아 있어요.

⑤-4-0

할머니가 컵에 물을 따르고 있어요.

⑤-4-A

할머니가 무릎을 꿇고 앉아 있어요.

⑤-4-B

할머니가 정아 맞은편에 앉아 있어요.

활동 3 긴 문장 만들기 놀이 ⑥

활동 지침서 75쪽

⑥

⑥-0

지수 할아버지가 화분에 물을 주고 있어요.

⑥-A

지수 할아버지는 허리가 구부정해요.

⑥-B

거실에 화분이 있어요.

긴 문장 만들기 놀이 ⑦

활동 지침서 75쪽

⑦

⑦-0

지수 아빠가 지수 머리를 감겨 주고 있어요.

⑦-A

지수가 휠체어에 앉아 있어요.

⑦-B

지수 아빠가 안경을 썼어요.

⑦-C

지수 아빠가 샤워기를 틀어 놨어요.

활동 3 긴 문장 만들기 놀이 ⑧

활동 지침서 75쪽

⑧

⑧-0

지수 엄마가 냄비를 식탁에 올려놓고 있어요.

⑧-A

지수 엄마는 앞치마를 입고 있어요.

⑧-B

지수 엄마가 장갑을 꼈어요.

⑧-C

냄비가 뜨거워요.

⑧-D

지수 엄마가 부엌에 있어요.

긴 문장 만들기 놀이 ⑨

활동 지침서 75쪽

⑨

⑨–0

선미 언니가 경미 머리를 묶어 주고 있어요.

⑨–A

경미가 거울을 보고 있어요.

⑨–B

선미 언니가 교복을 입었어요.

⑨–C

경미가 얼굴을 찡그려요.

긴 문장 만들기 놀이 ⑩

활동 지침서 75쪽

⑩

⑩-0

아저씨가 서둘러(급히) 걸어가고 있어요.

⑩-A

아저씨가 시계를 보고 있어요.

⑩-B

아저씨가 가방을 들고 가요.

⑩-C

아저씨가 늦었어요.

⑩-D

아저씨가 핸드폰을 떨어뜨렸어요.

⑪-1

⑪-2

⑪-3

⑪−1−0

아줌마 두 명이 운동을 해요.

⑪−1−A

아줌마 두 명이 강아지를 데리고 가요.

⑪−2−0

아줌마가 운동을 해요.

⑪−2−A

아줌마가 머리띠를 했어요.

⑪−2−B

아줌마가 추리닝(트레이닝복)을 입었어요.

⑪−2−C

아줌마가 한 손에 수건을 들었어요.

⑪−2−D

아줌마가 강아지를 데리고 가요.

⑪−3−0

아줌마가 운동을 해요.

⑪−3−A

아줌마가 모자를 썼어요.

⑪-3-B

아줌마가 반바지를 입었어요.

⑪-3-C

아줌마가 아령을 들었어요.

⑪-3-D

아줌마가 귀에 이어폰을 꽂았어요.

⑪-3-E

아줌마가 음악을 들어요.

긴 문장 만들기 놀이 ⑫

활동 지침서 75쪽

⑫

⑫-0

중학생 형(오빠)이 선미 누나(언니)를 기다리고 있어요.

⑫-A

중학생 형이 이어폰으로 음악을 듣고 있어요.

⑫-B

중학생 형이 자전거를 세워 놨어요.

⑫-C

중학생 형이 슬리퍼를 신었어요.

활동 4 메모리 게임: 게임용 카드 세트 ①

활동 지침서 77쪽

①

②

③

④

⑤

⑥

⑦

⑧

⑨

⑩

⑪

⑫

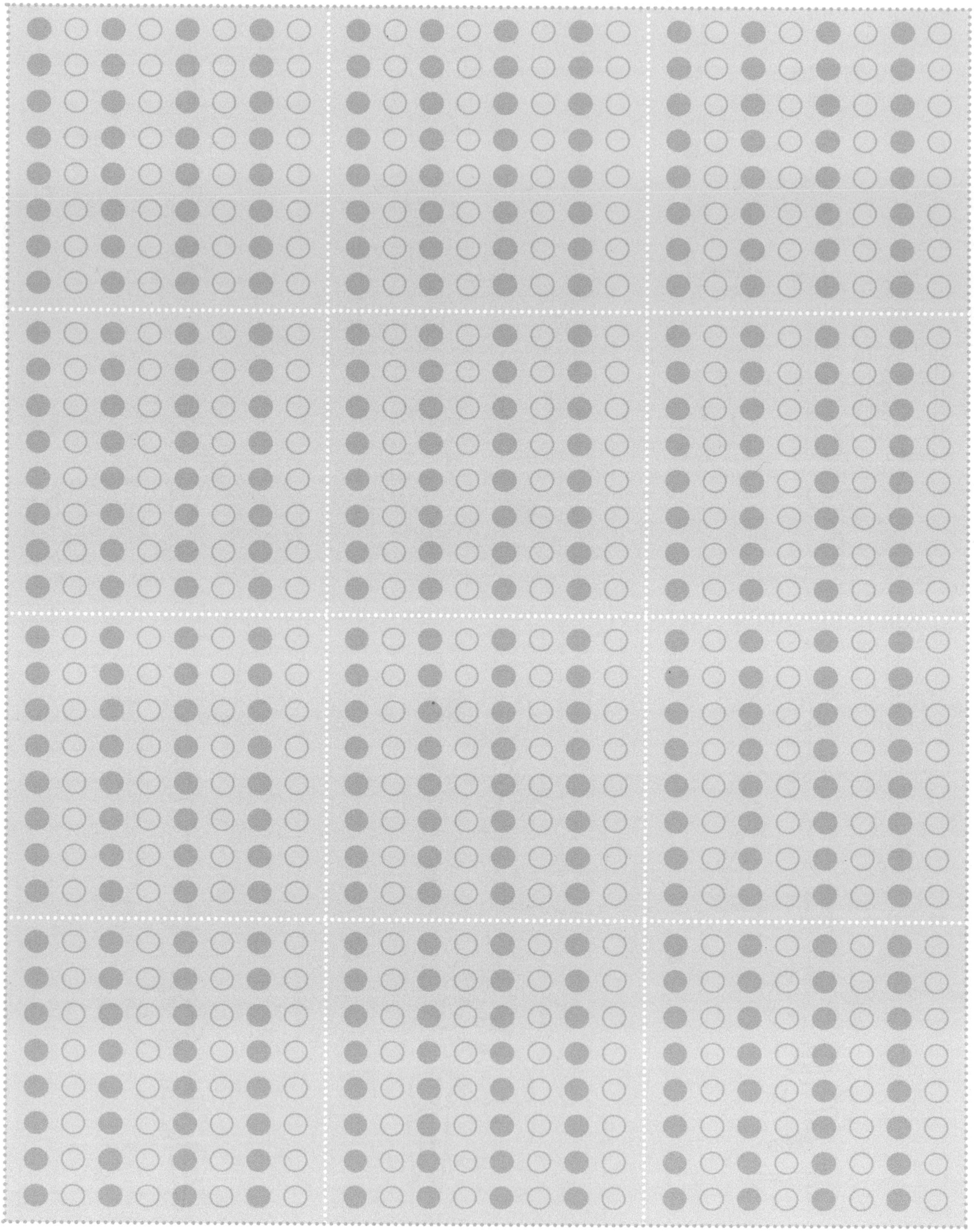

활동 4 메모리 게임: 게임용 카드 세트 ②

활동 지침서 77쪽

①

②

③

④

⑤

⑥

⑦

⑧

⑨

⑩

⑪

⑫

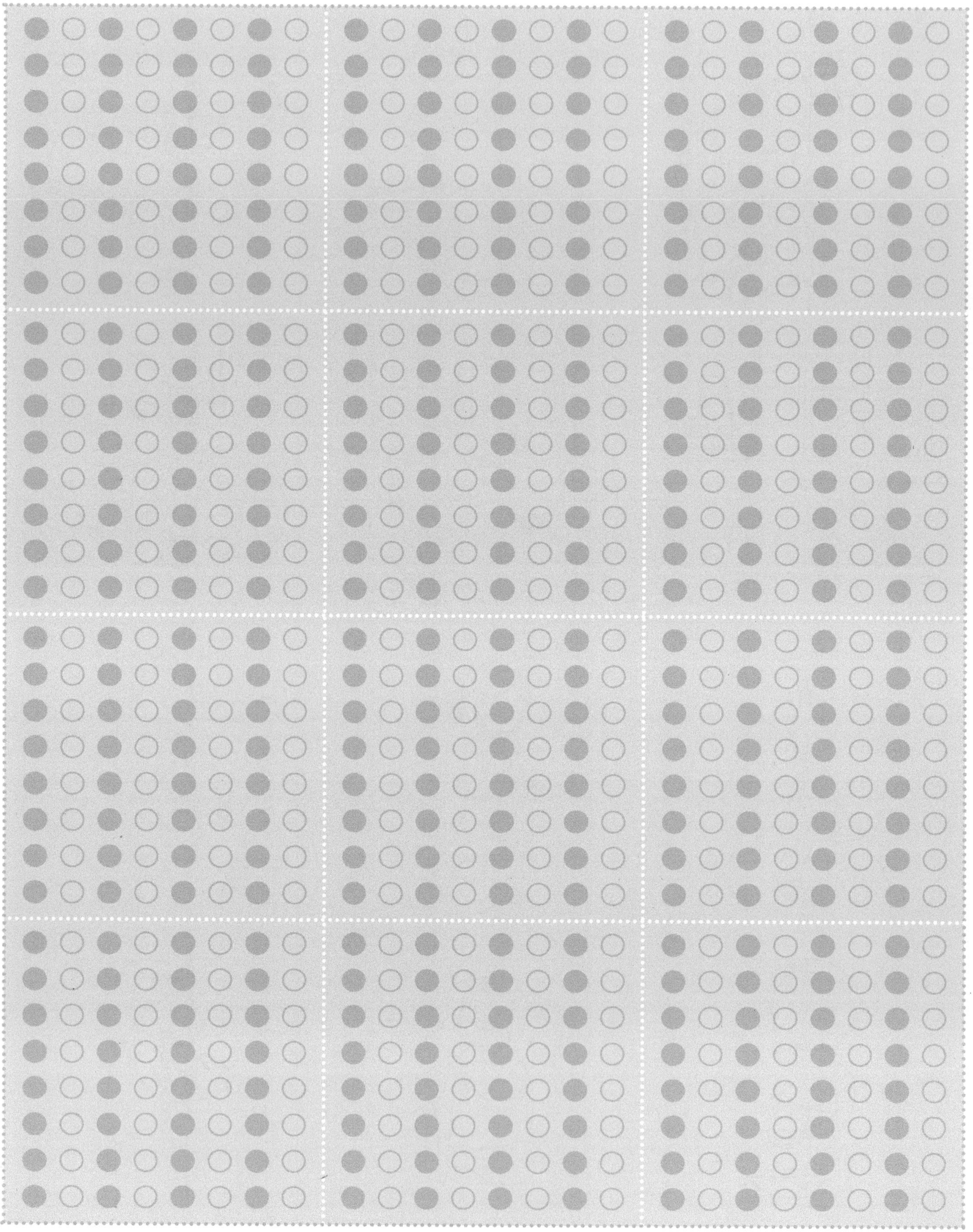

활동 5 장벽 게임: 집 완성하기–집 그림판 ①

활동 지침서 81쪽

거실	화장실	방
거실	화장실	방
거실	화장실	방

장벽 게임: 집 완성하기-집 그림판 ②

활동 지침서 81쪽

거실	화장실	방
거실	화장실	방
거실	화장실	방

활동 5 장벽 게임: 집 완성하기-장소카드 세트 ①

활동 지침서 81쪽

①

②

③

④

⑤

⑥

⑦

⑧

⑨

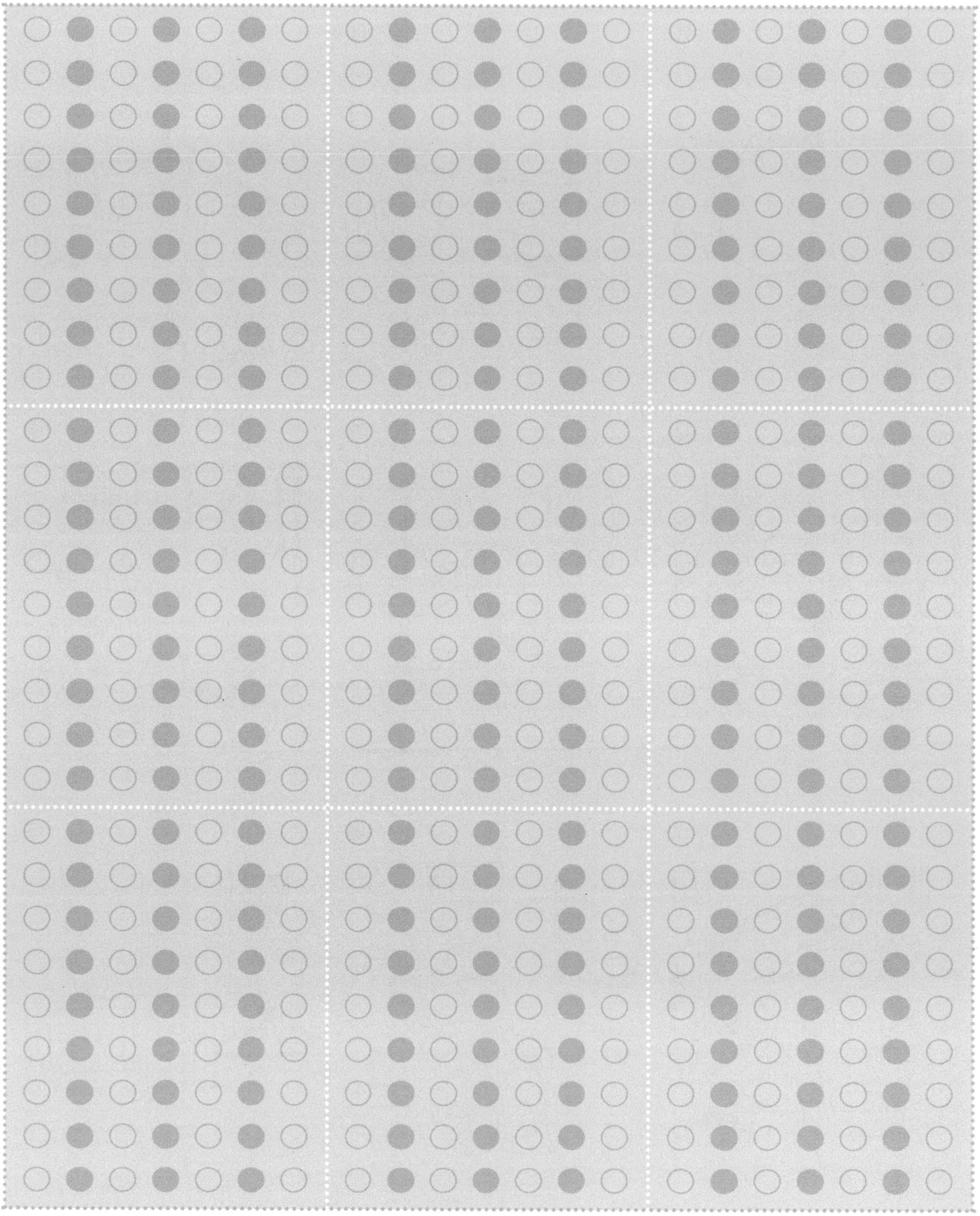

활동 5 장벽 게임: 집 완성하기-장소카드 세트 ②

활동 지침서 81쪽

①

②

③

④

⑤

⑥

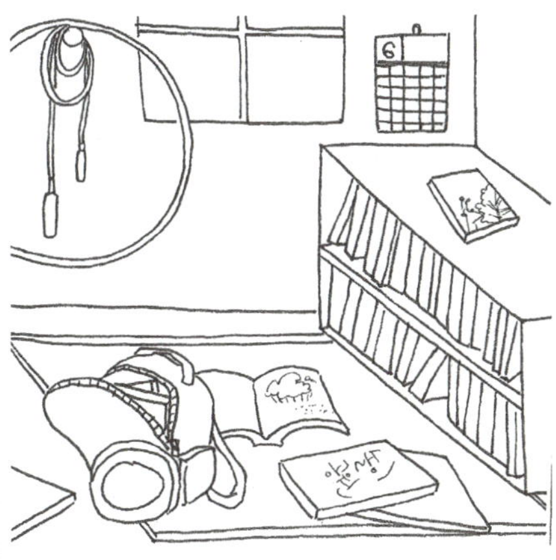

⑦

⑧

⑨

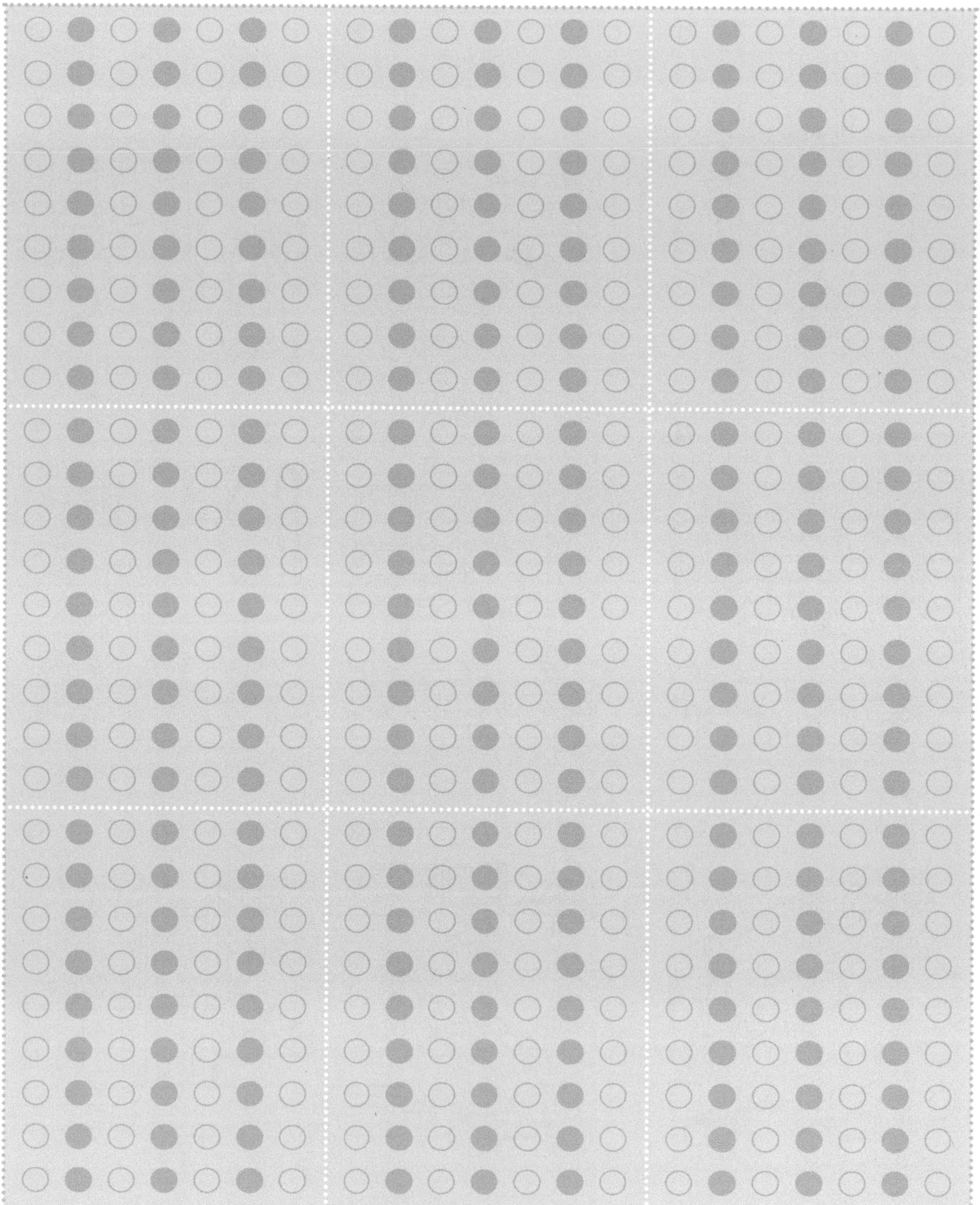

장벽 게임: 집 안 꾸미기-부엌 그림 ①

활동 지침서 86쪽

장벽 게임: 집 안 꾸미기-부엌 그림 ②

활동 지침서 86쪽

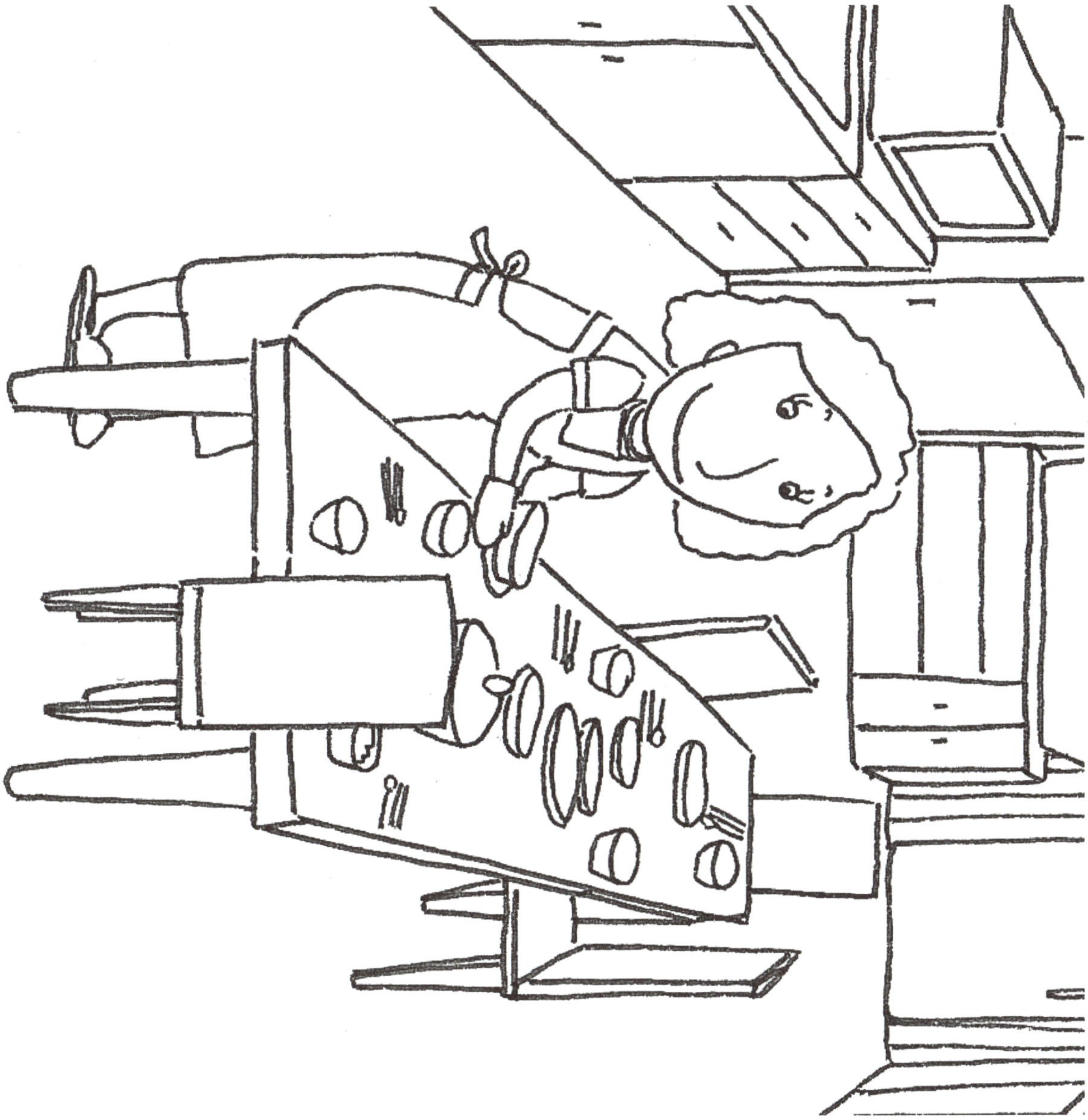

활동 6 장벽 게임: 집 안 꾸미기-부엌 지시카드 세트

활동 지침서 86쪽

상 차리고 있는 아줌마의 앞치마를 노란색으로 색칠하세요.	냉장실 문에 꽃모양 자석을 붙여 주세요.	식탁 맨 끝에 초가 꽂혀 있는 케이크를 그려 주세요.
상 차리고 있는 아줌마의 머리에 빨간색 리본을 달아 주세요.	식탁 위에 있는 가장 큰 접시에 생선 두 마리를 그려 주세요.	아줌마가 들고 있는 그릇에 김이 모락모락 나는 찌개를 그려 주세요.
개수대에 접시랑 밥그릇을 그려 주세요.	부엌문 옆 구석에 초록색 쓰레기통을 그려 주세요.	식탁 위 빈 곳에 빨대를 꽂은 주스 한 컵을 그려 주세요.
전자레인지 위에 주전자를 그리고 파란색으로 색칠하세요.	싱크대 앞 바닥에 네모난 깔개를 그려 주세요.	비어 있는 밥그릇에 밥을 그려 주세요.

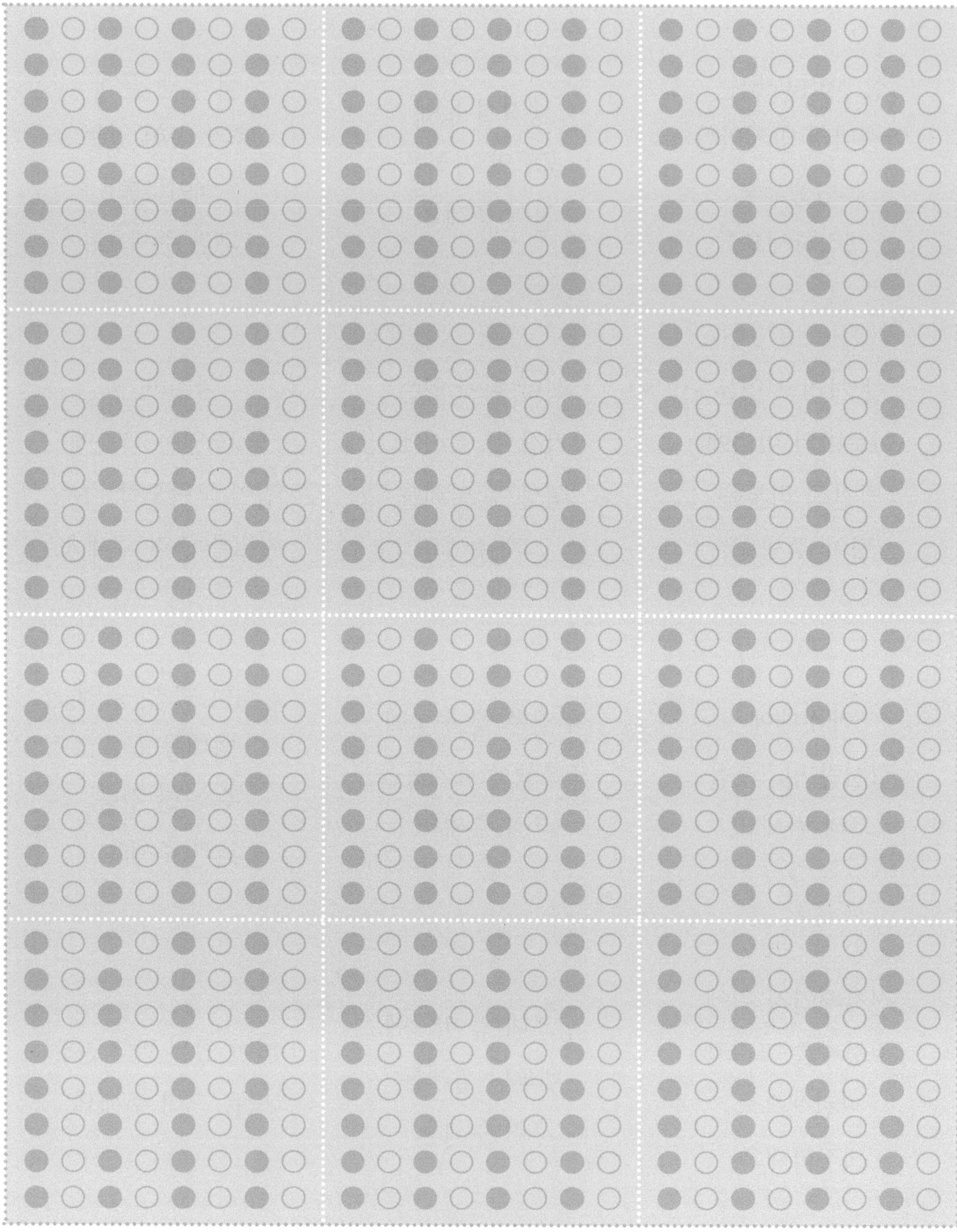

장벽 게임: 집 안 꾸미기-화장실 그림 ①

활동 지침서 86쪽

활동 6 장벽 게임: 집 안 꾸미기-화장실 지시카드 세트

활동 지침서 86쪽

똥 누고 있는 민이 옆 세면대에 물이 넘치고 있어요.	화장실 바닥에 파란색 슬리퍼 한 켤레를 그려 주세요.	거울 아래쪽 구석에 멋진 자동차를 그려 주세요.
똥 누고 있는 민이 옆 벽에 휴지를 걸어 주세요.	민이가 신고 있는 슬리퍼에 노란색 세로줄무늬를 그려 주세요.	똥 누고 있는 민이의 오른쪽 무릎에 반창고를 붙여 주세요.
세면대 옆에 있는 벽에 수건걸이를 그리고 수건을 걸어 주세요.	민이가 보고 있는 책 표지에 제목을 적어 주세요.	민이가 앉아 있는 변기에 물 내리는 손잡이를 그려 주세요.
세면대 밑에 세숫대야를 그려 주세요.	민이가 입고 있는 윗옷 가슴에 네모난 주머니를 그려 주세요.	벽의 빈 곳에 샤워기를 달아 주세요.

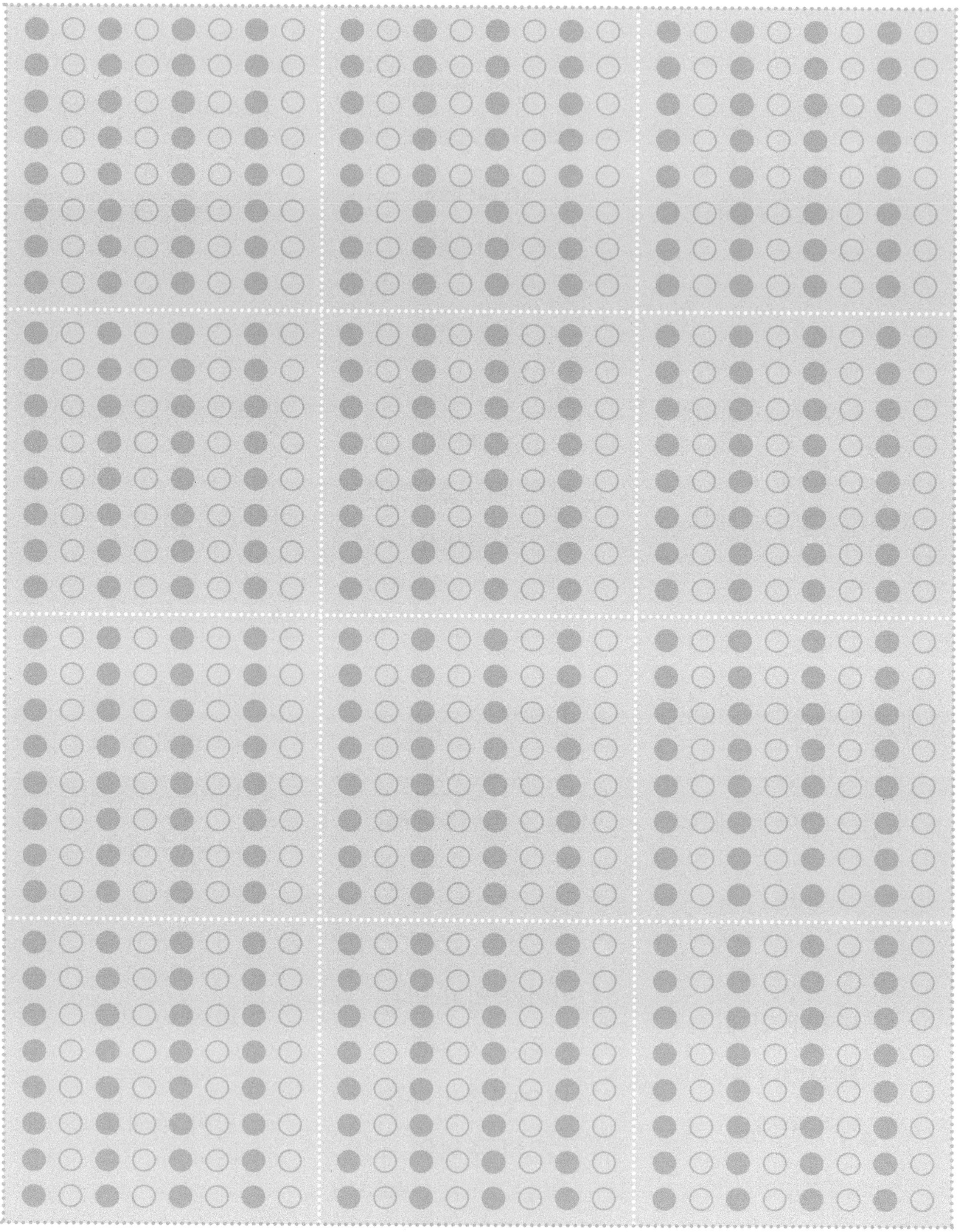

장벽 게임: 집 안 꾸미기-방 그림 ①

활동 지침서 86쪽

활동 6 장벽 게임: 집 안 꾸미기-방 그림 ②

활동 지침서 86쪽

장벽 게임: 집 안 꾸미기-방 지시카드 세트

활동 지침서 86쪽

교복 입은 언니의 머리에 노란색 머리띠를 그려 주세요	거울 보는 아이 옆 바닥에 동그란 노란 방울을 그려 주세요.	벽에 걸린 달력에 숫자를 써 넣어 주세요.
천장에 기다란 등을 달아 주세요.	옷걸이에 걸린 옷에 예쁜 꽃무늬를 그려 주세요.	달력 밑 구석에 신발주머니를 세워 주세요.
머리를 묶어 주는 아이 뒤에 빨간색 양말 한 짝을 그려 주세요.	침대 옆 바닥에 긴 끈이 달린 가방을 그려 주세요.	머리를 묶어 주는 아이 옆 바닥에 파란색 빗을 그려 주세요.
침대 2층에 하트 모양의 쿠션을 주황색으로 그려 주세요.	방바닥 한가운데에 펼쳐진 책 한 권을 그려 주세요.	거울 옆 벽에 동그란 시계를 그려 주세요.

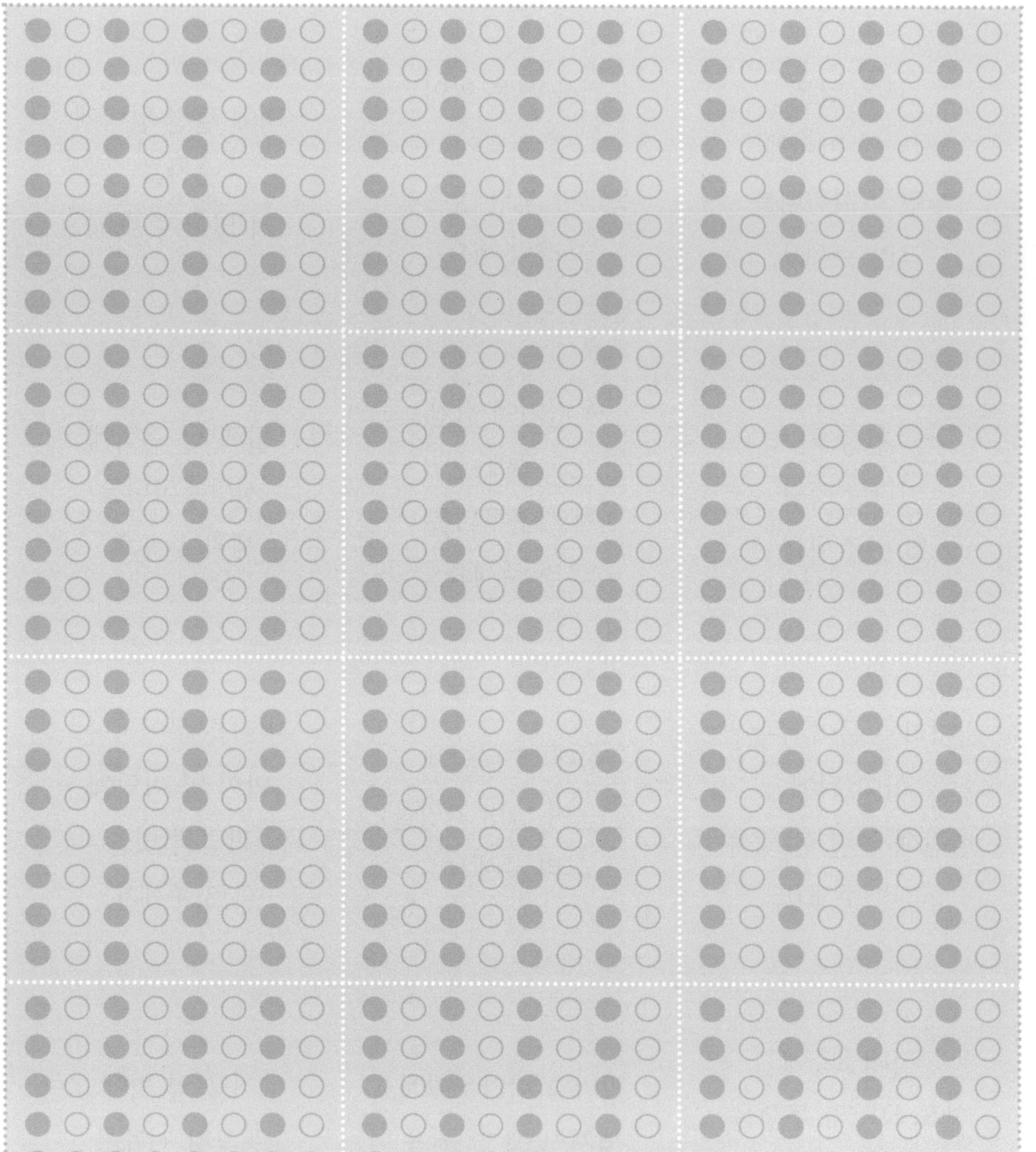

활동 7 우노!: 그림카드 세트 ①

활동 지침서 89쪽

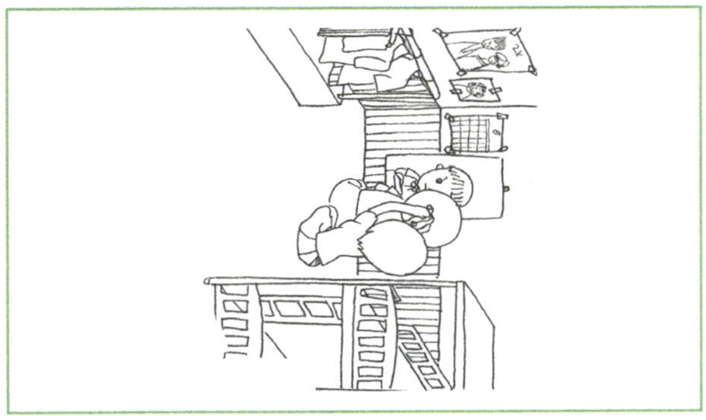

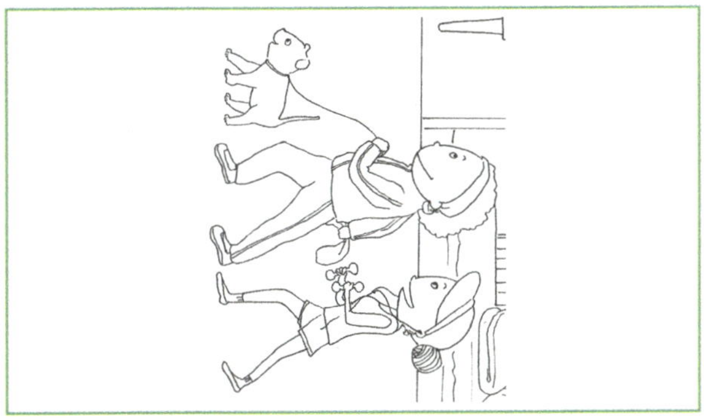

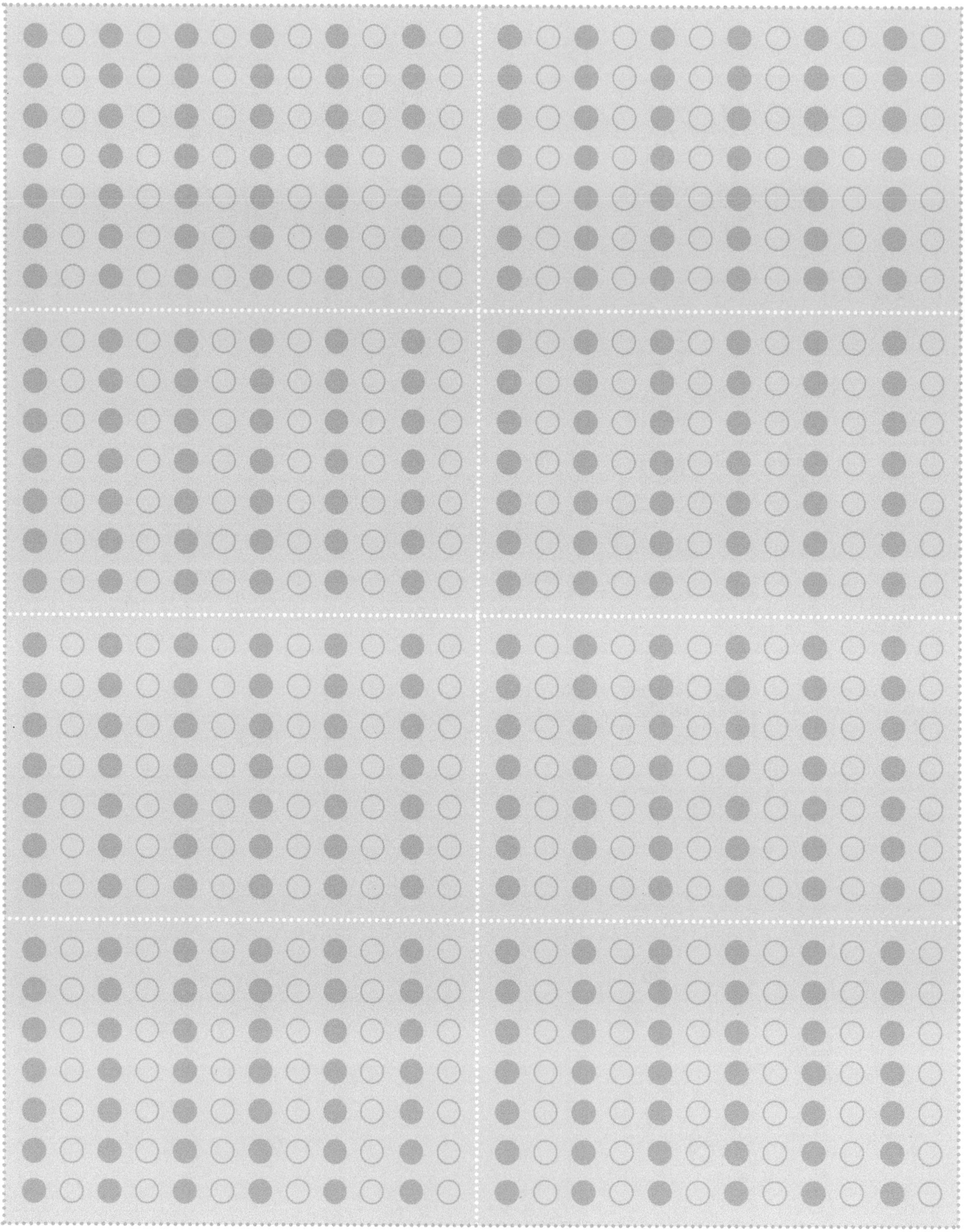

활동 7 우노!: 그림카드 세트 ②

활동 지침서 89쪽

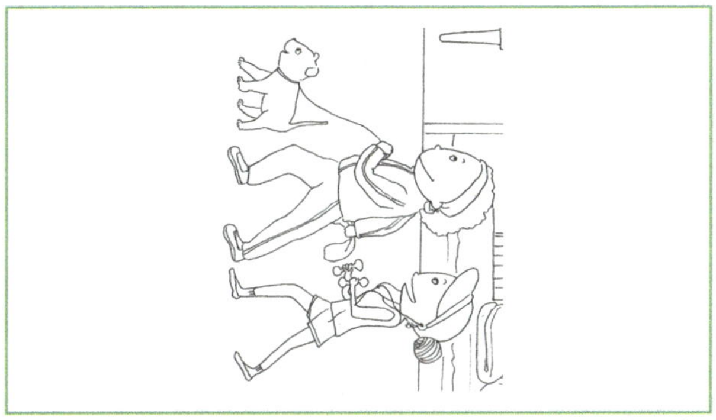

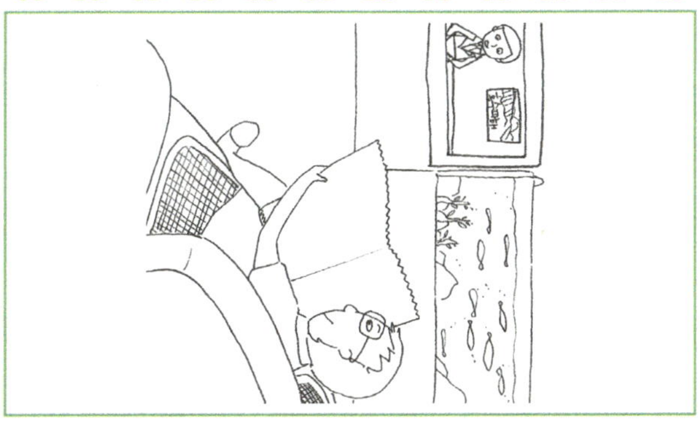
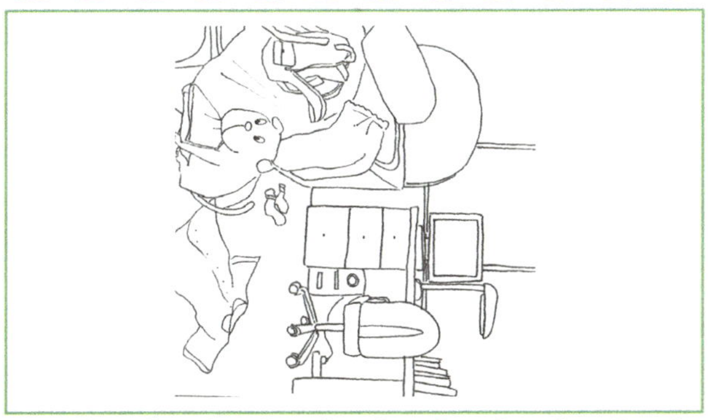

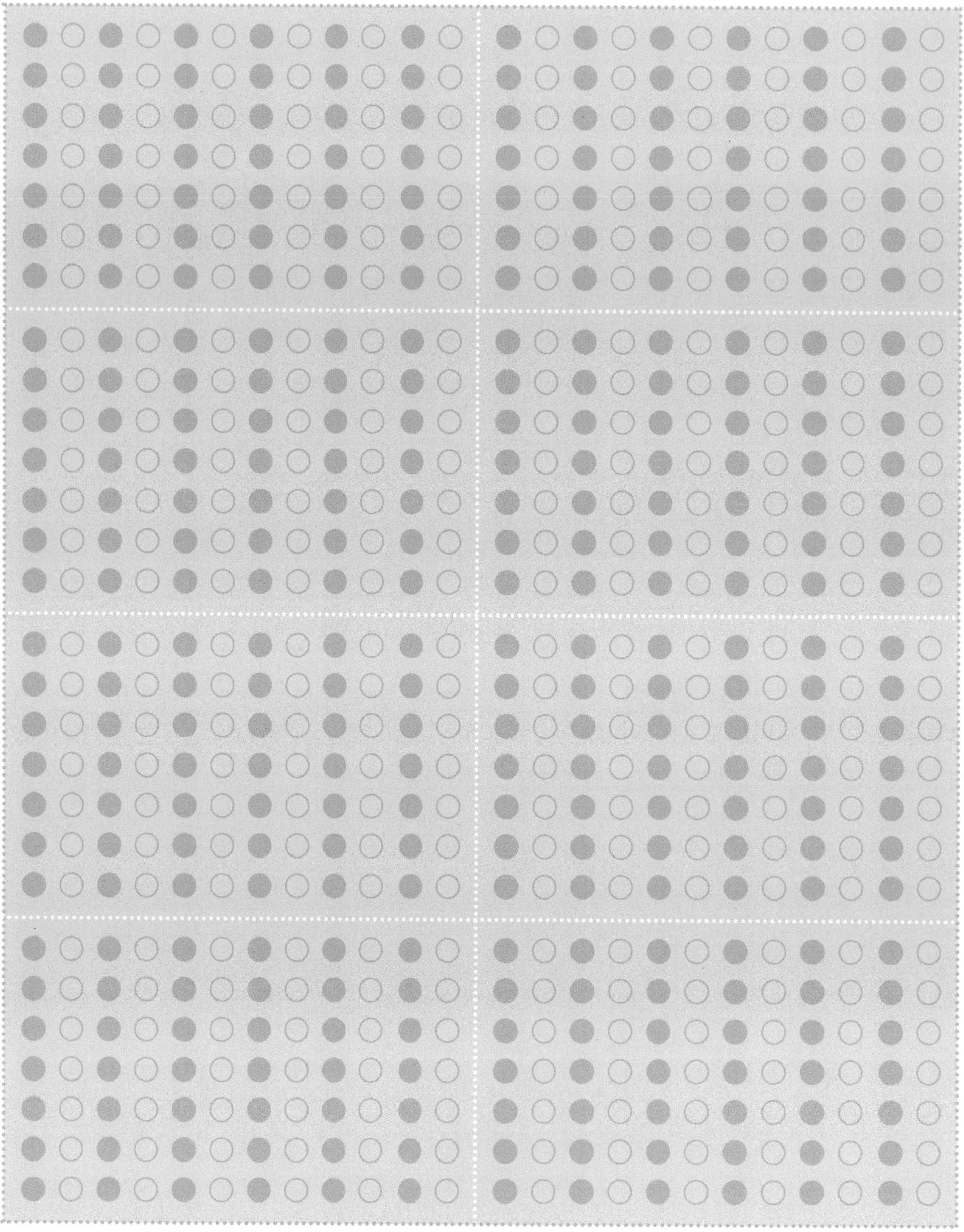

활동 7 우노!: 그림카드 세트 ③

활동 지침서 89쪽

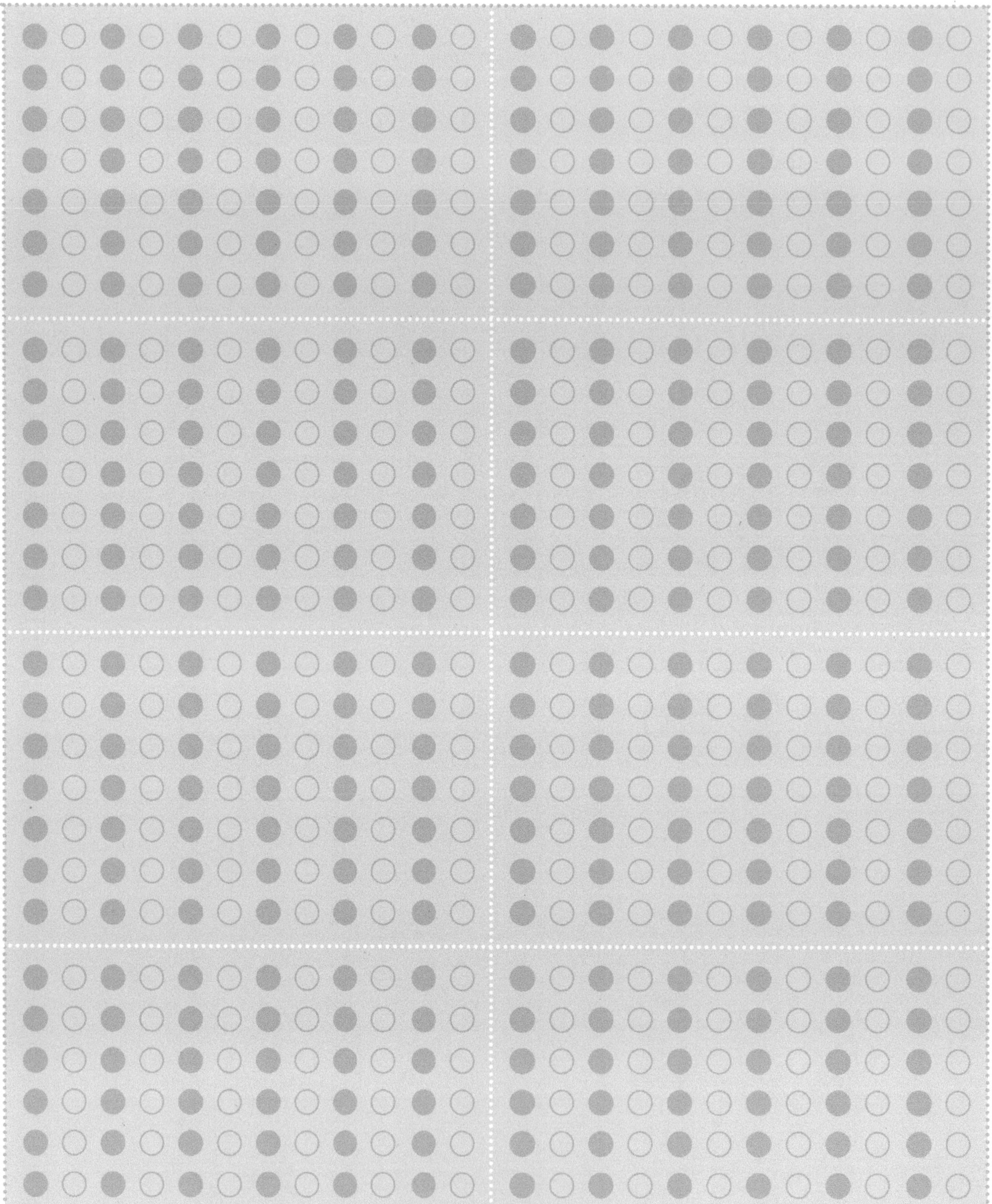

활동 7 우노!: 그림카드 세트 ④

활동 지침서 89쪽

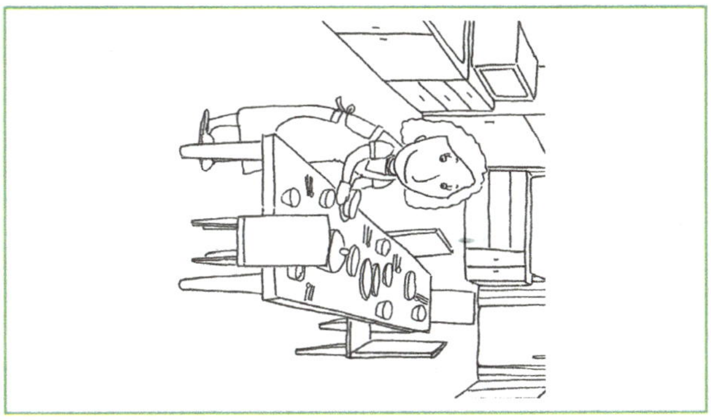

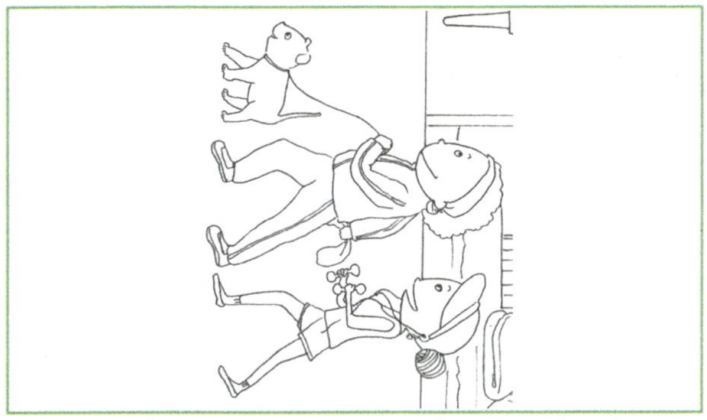

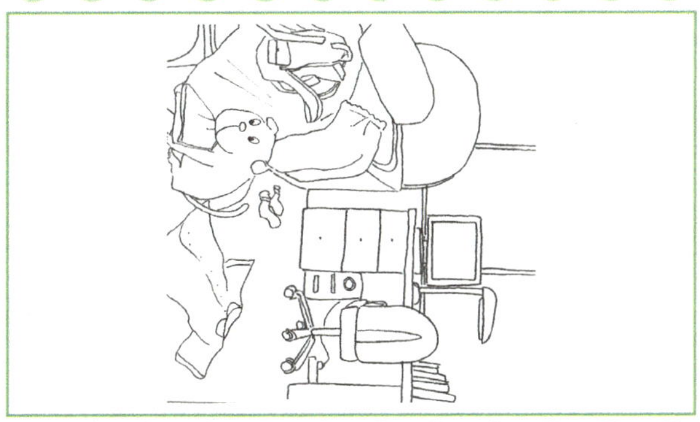

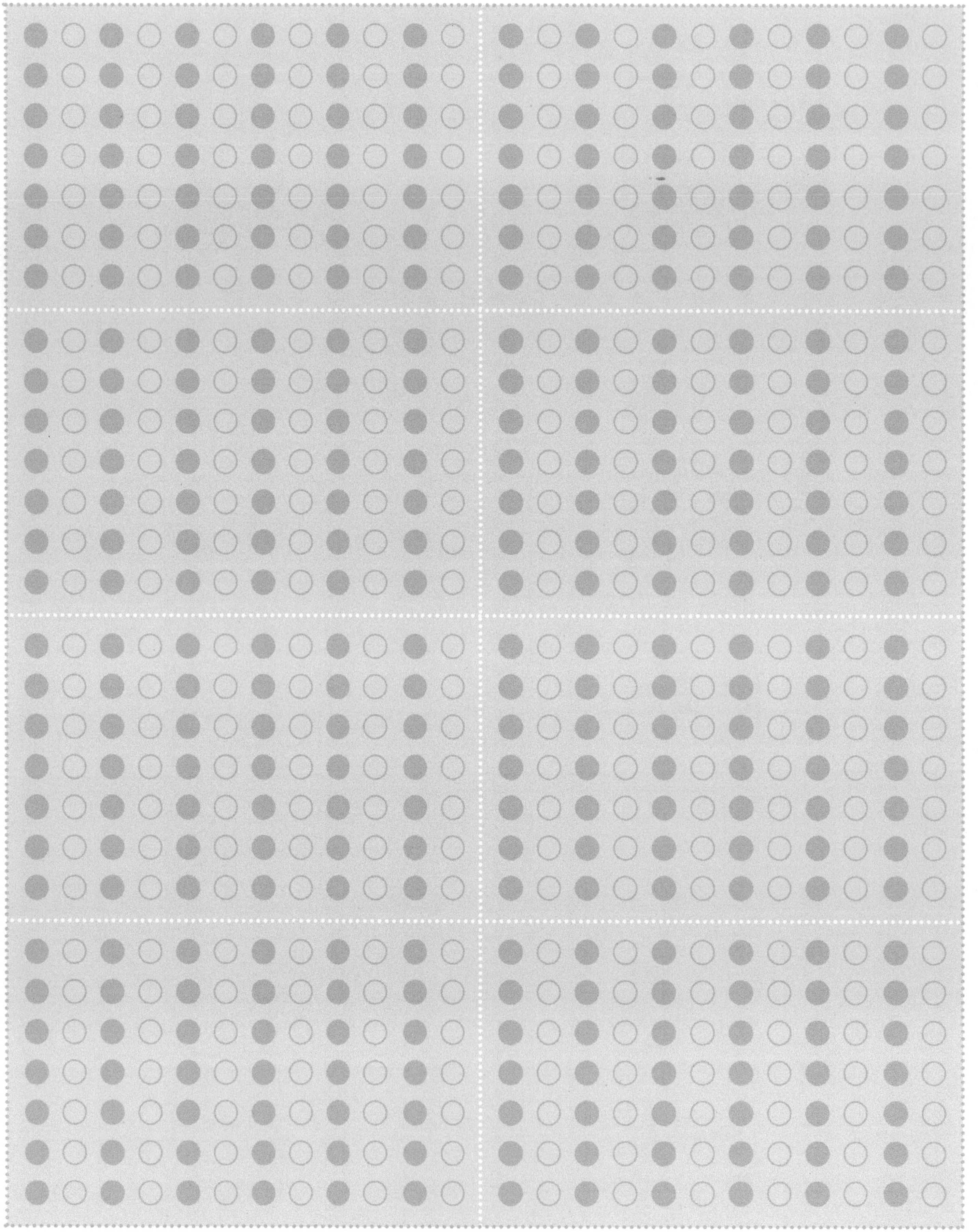

활동 7 우노!: 조커카드

활동 지침서 89쪽

모양 바꾸기

모양 바꾸기

모양 바꾸기

모양 바꾸기

한 장 가져가기

한 장 가져가기

한 장 가져가기

한 장 가져가기

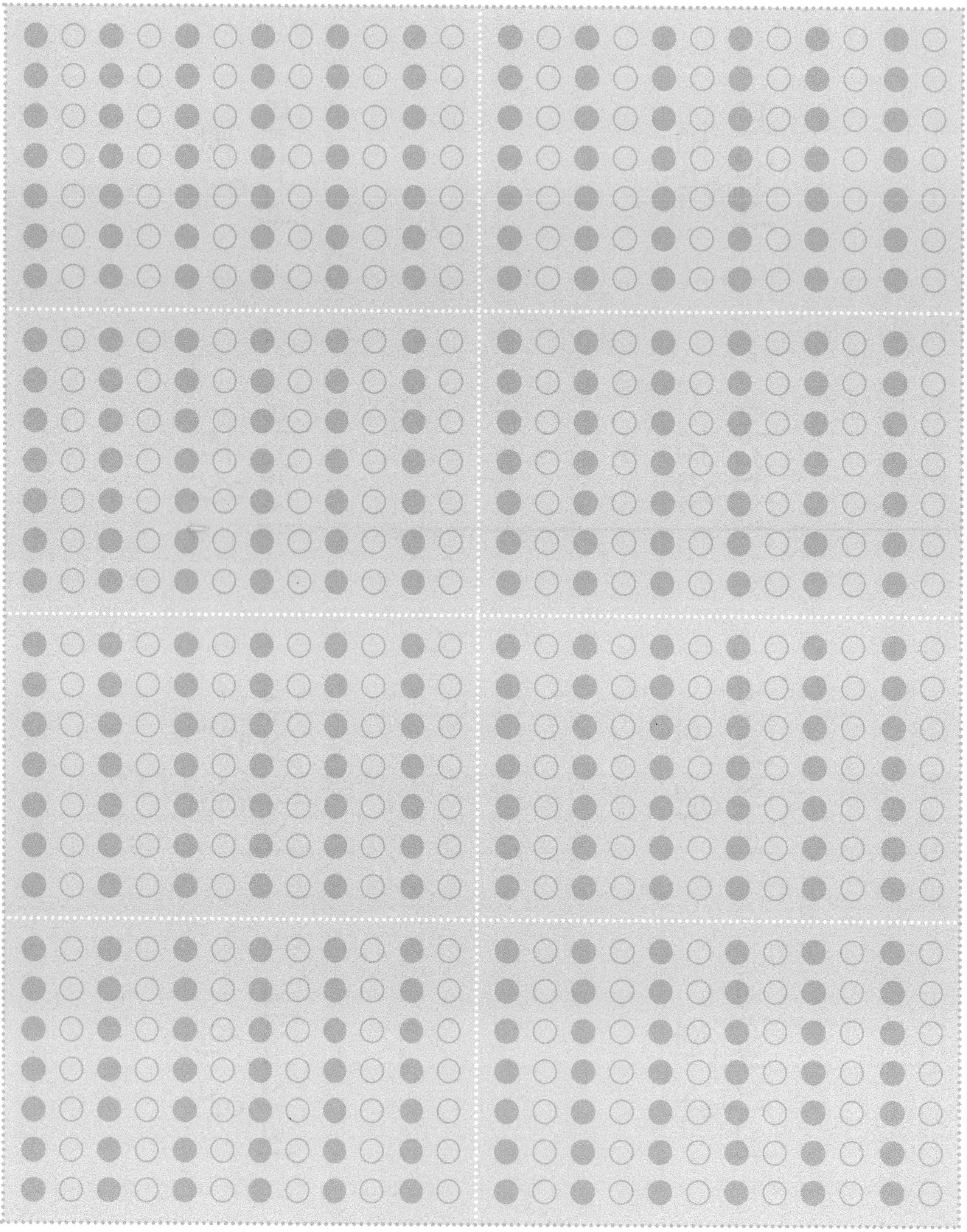

고 피쉬(Go Fish)! : 그림카드 세트 ①

활동 지침서 92쪽

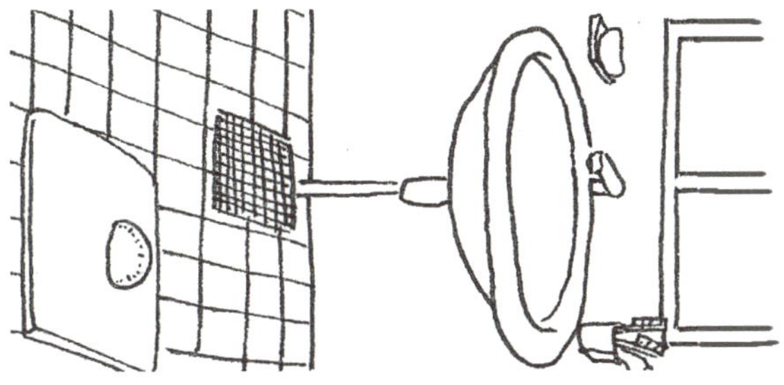

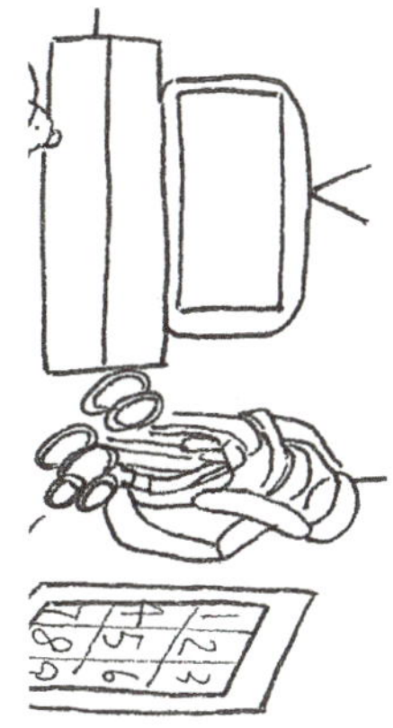

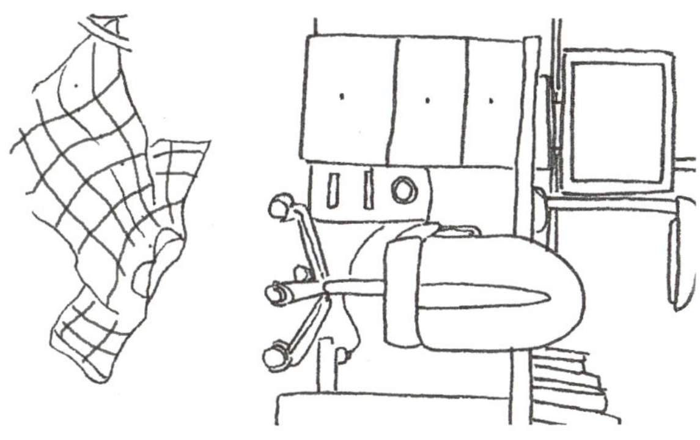

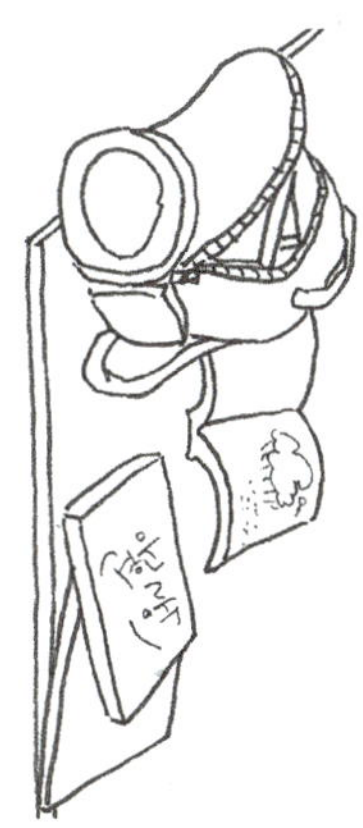

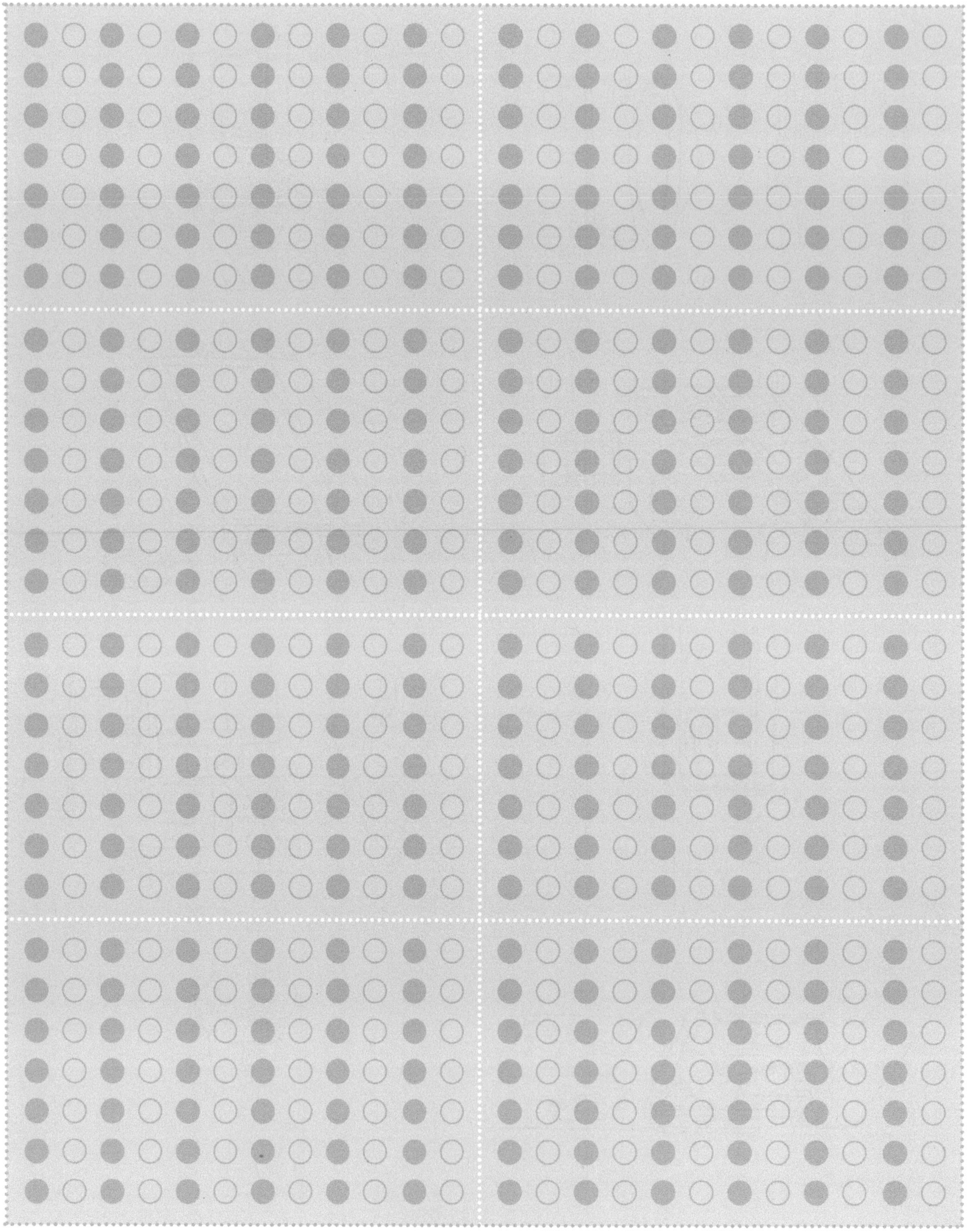

활동 8 고 피쉬(Go Fish)!: 그림카드 세트 ①

활동 지침서 92쪽

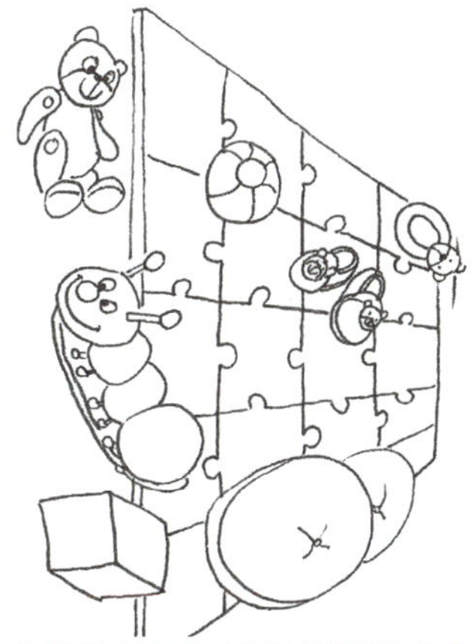

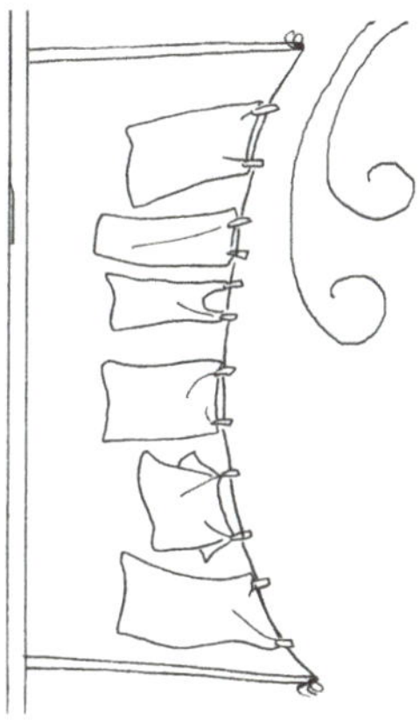

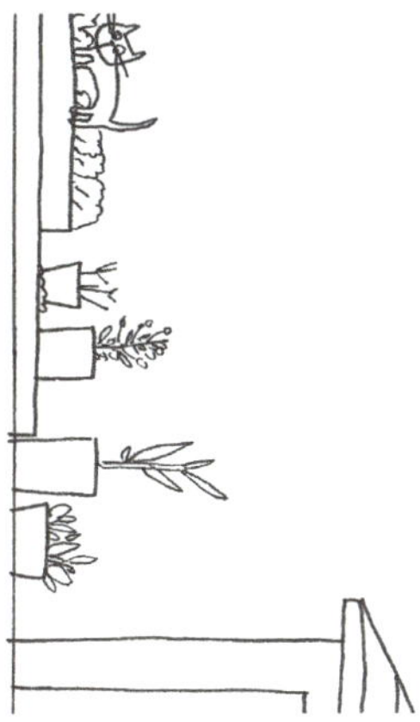

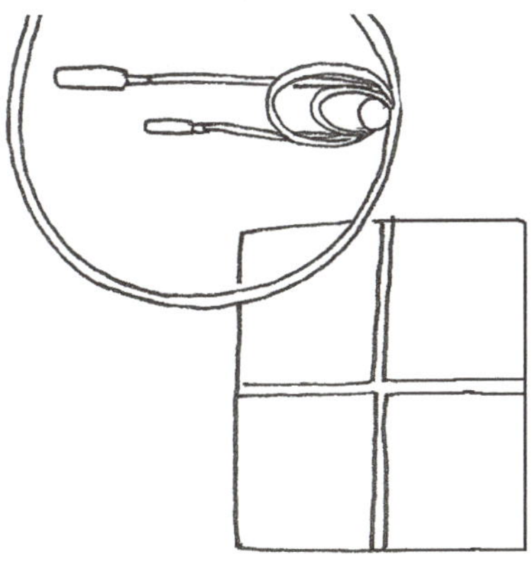

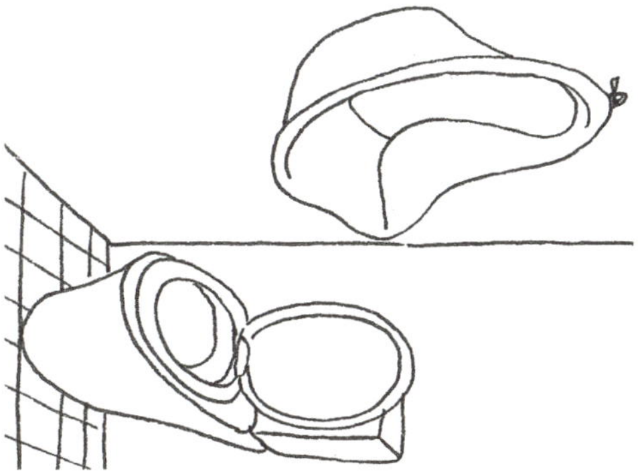

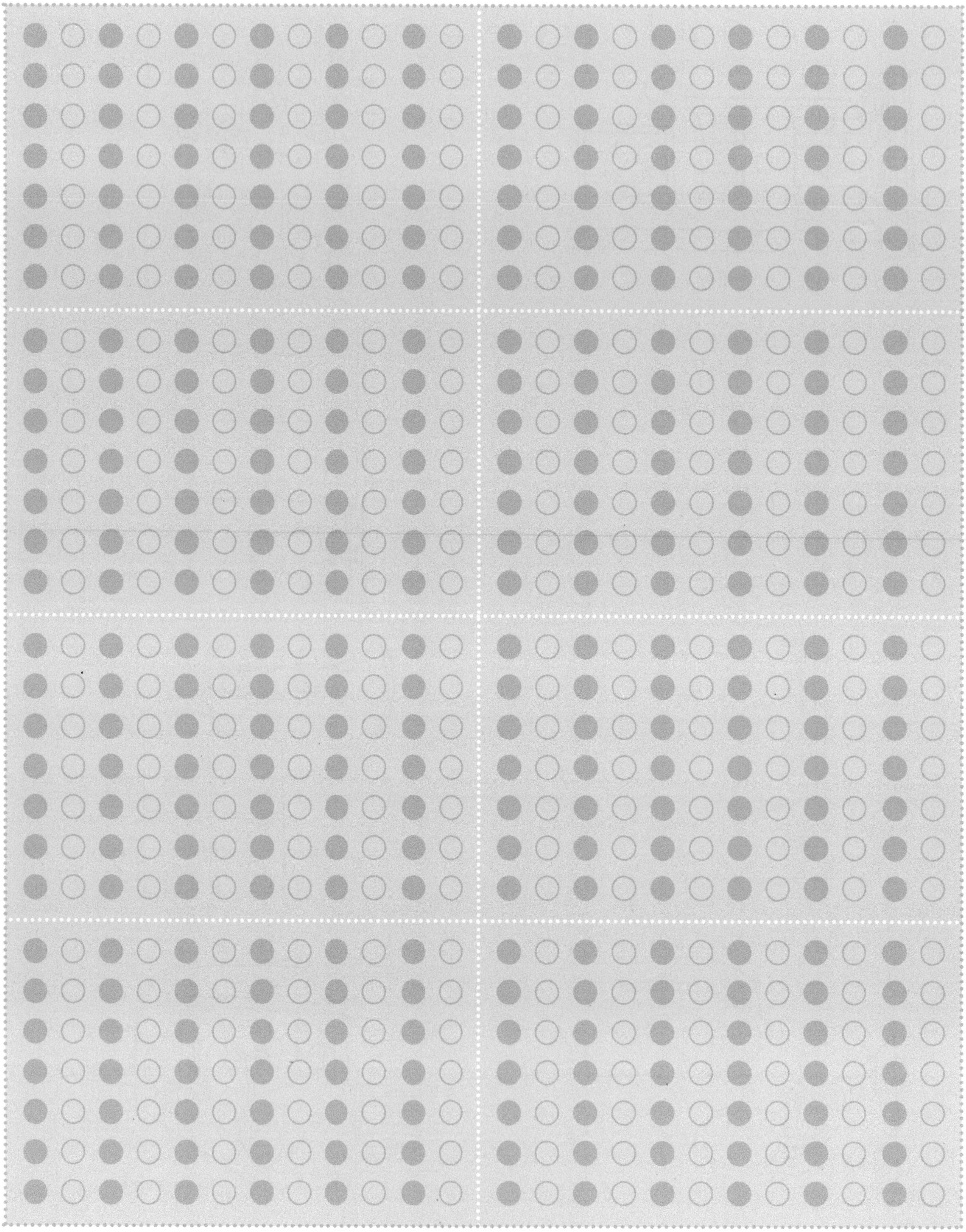

활동 8 고 피쉬(Go Fish)!: 그림카드 세트 ②

활동 지침서 92쪽

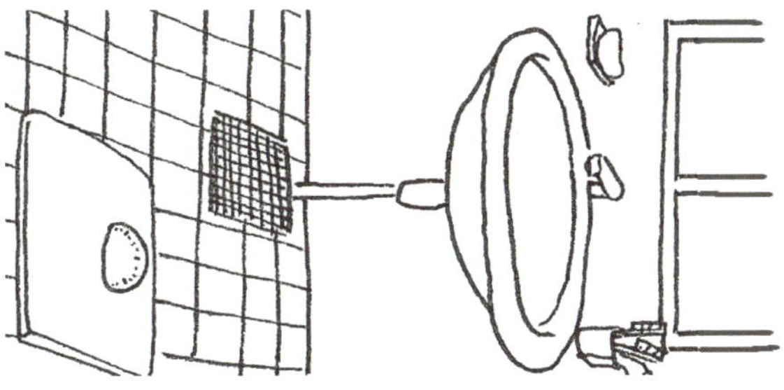

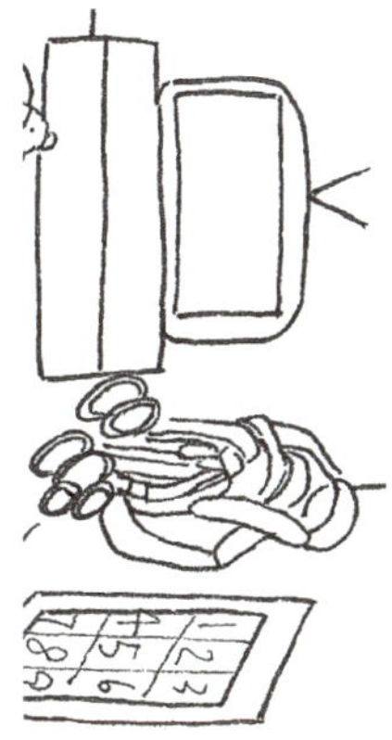

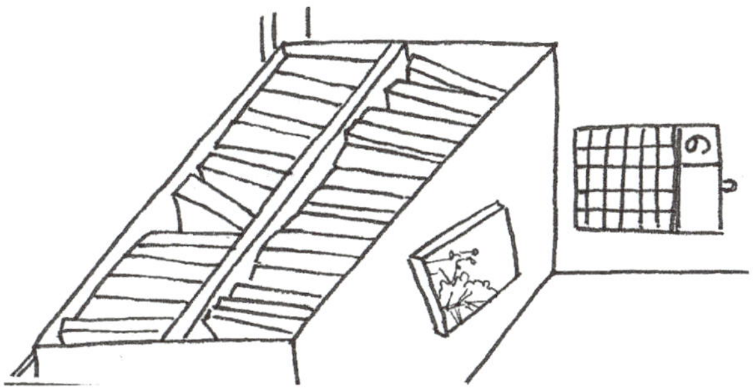

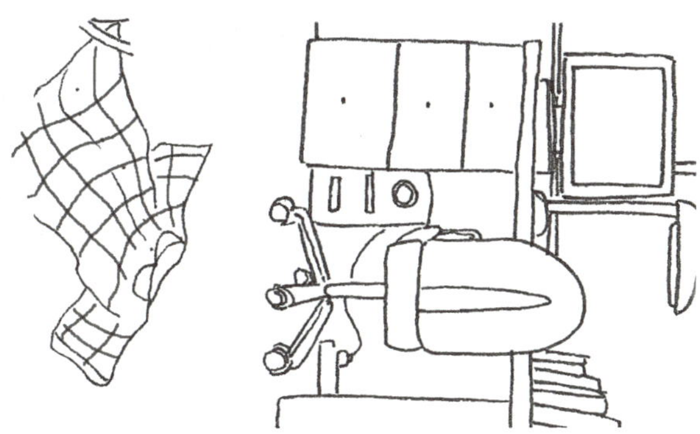

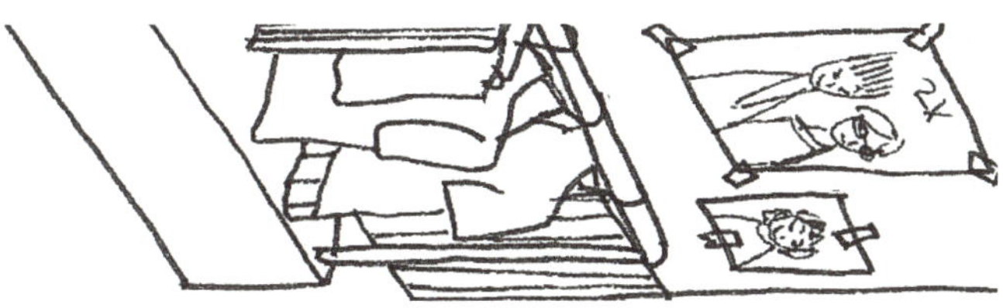

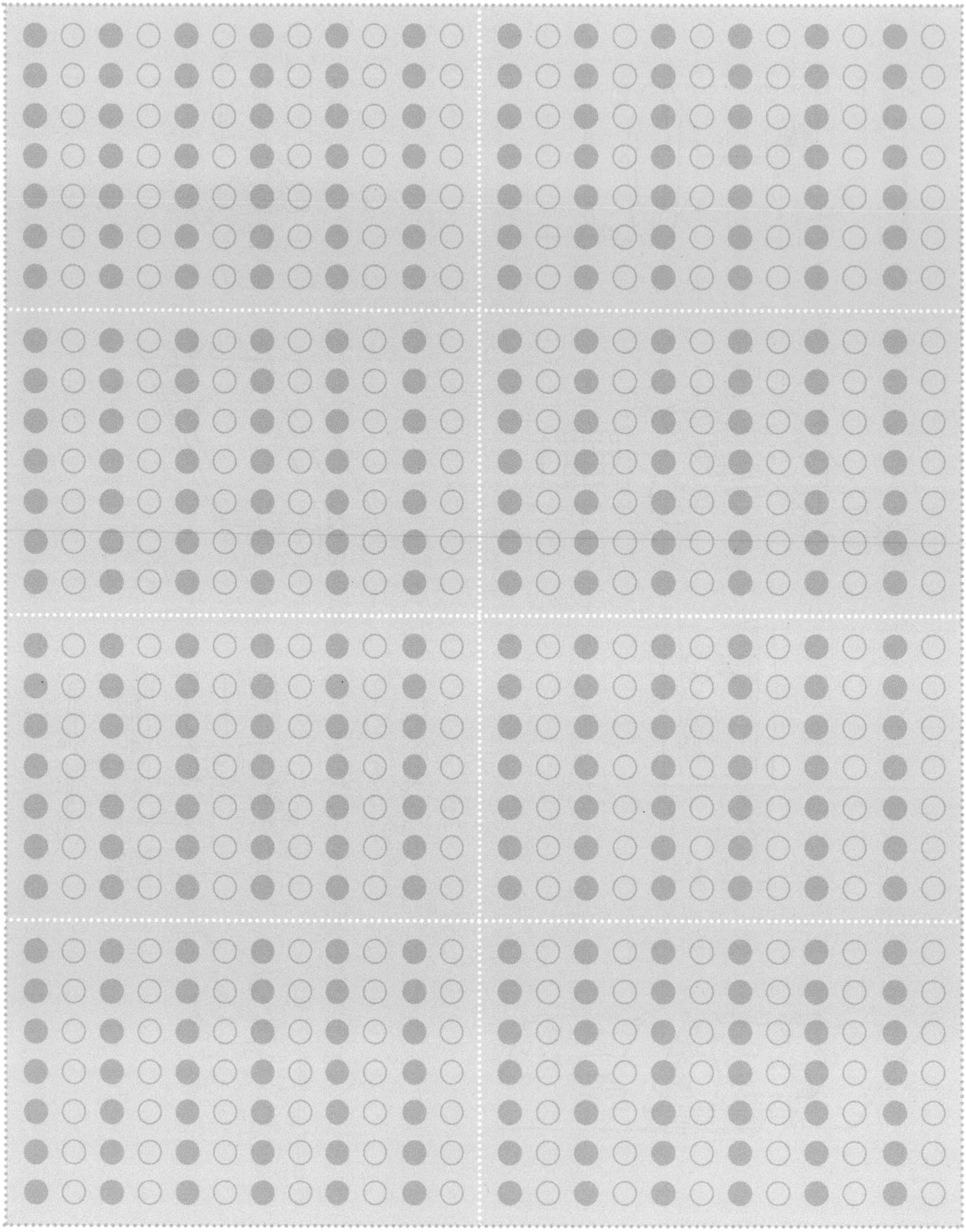

활동 8 고 피쉬(Go Fish)! : 그림카드 세트 ②

활동 지침서 92쪽

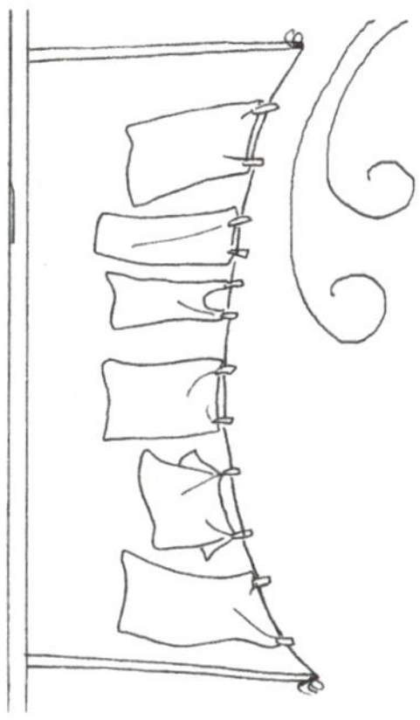

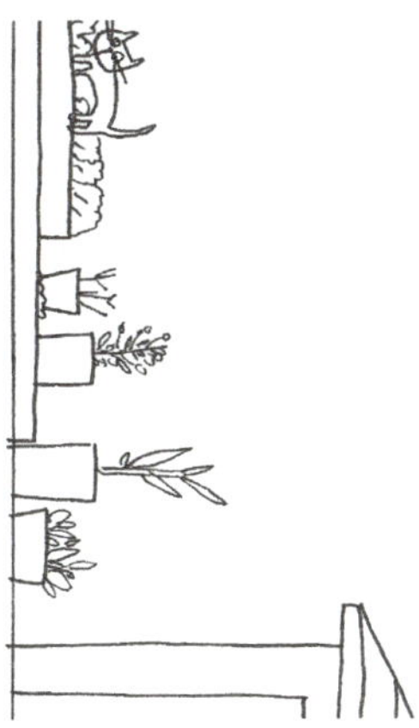

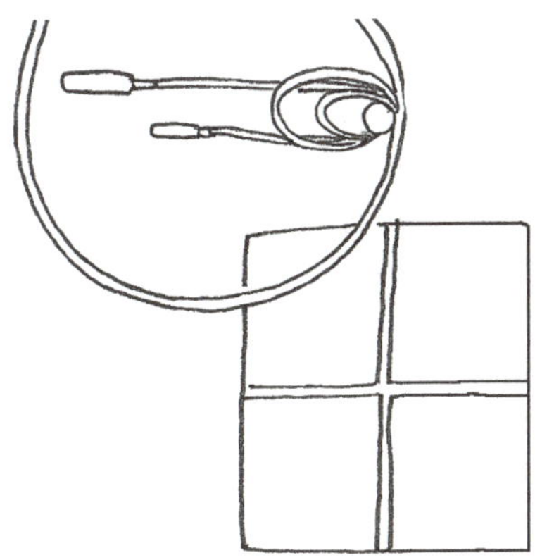

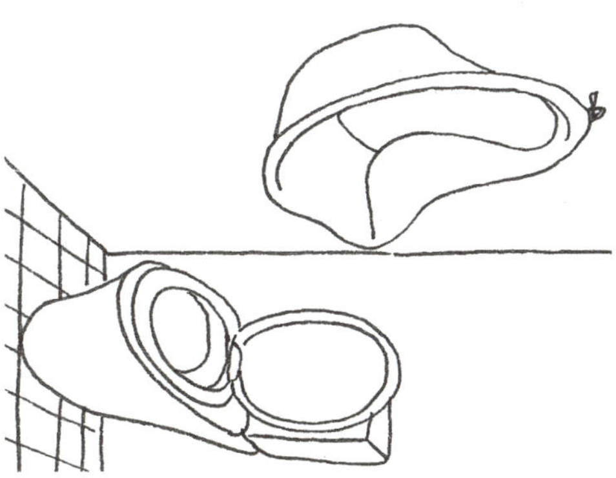

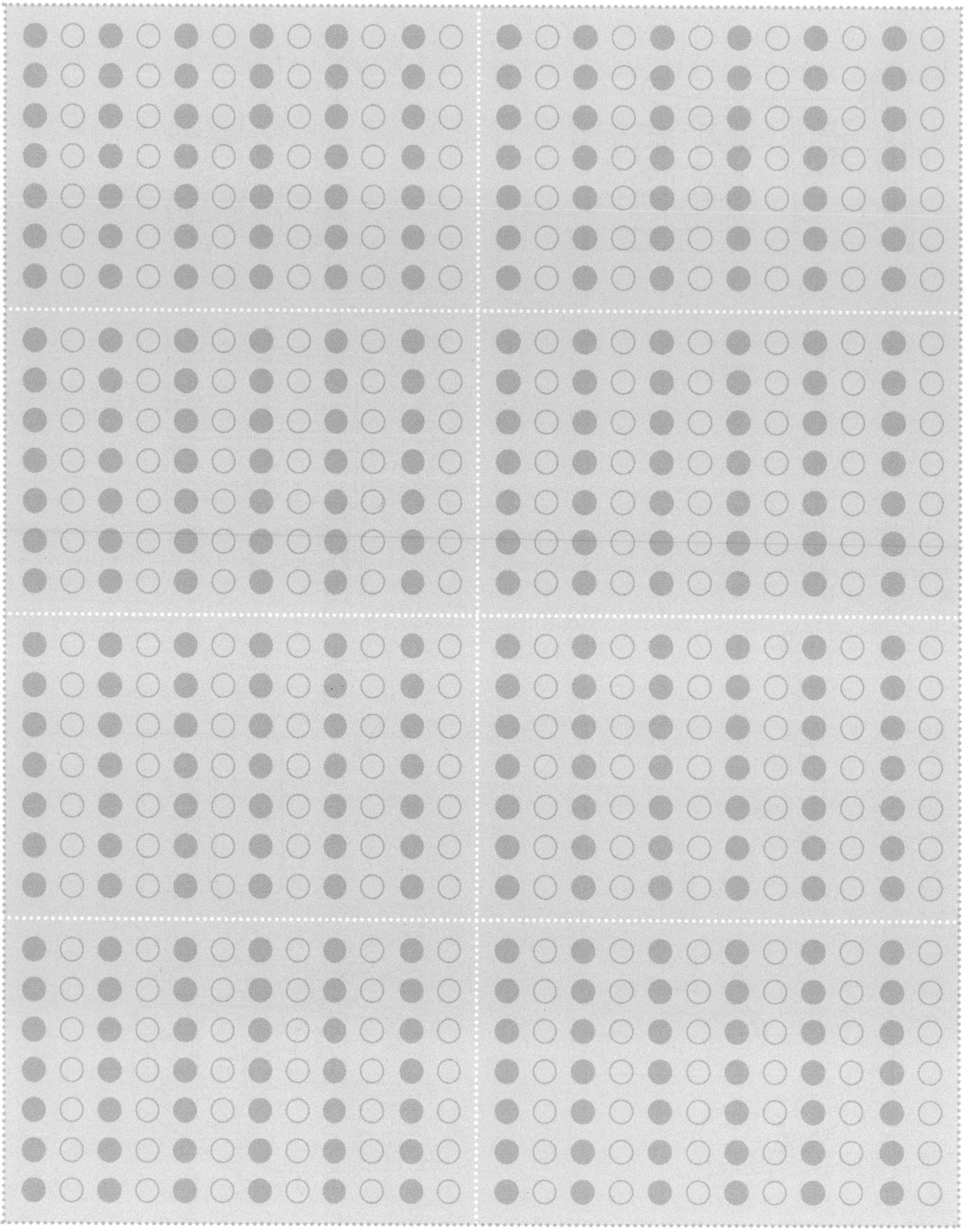

활동 9 우리 동네 꾸미기: 집 그림 세트

활동 지침서 97쪽

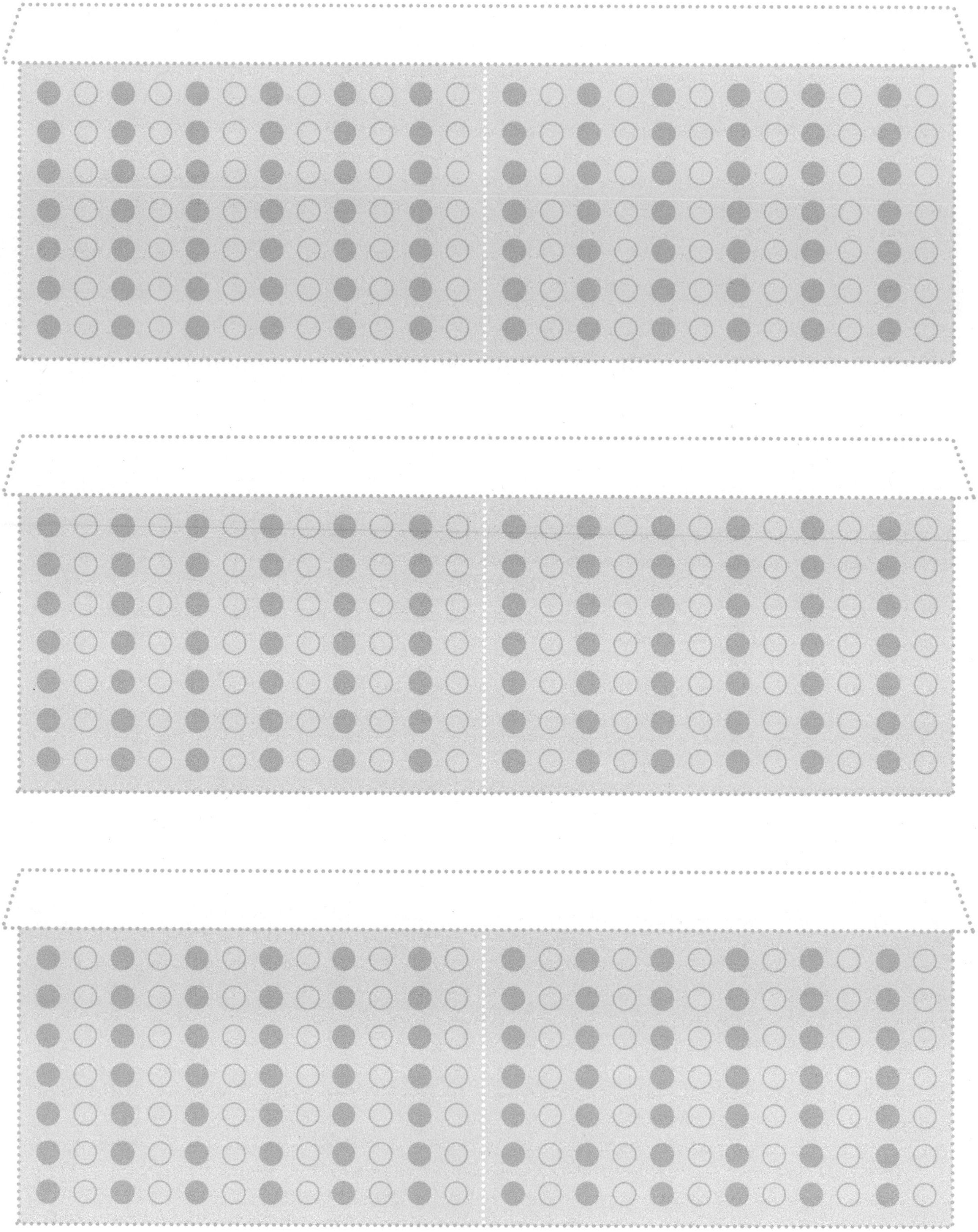

우리 동네 꾸미기: 집 그림 세트

활동 지침서 97쪽

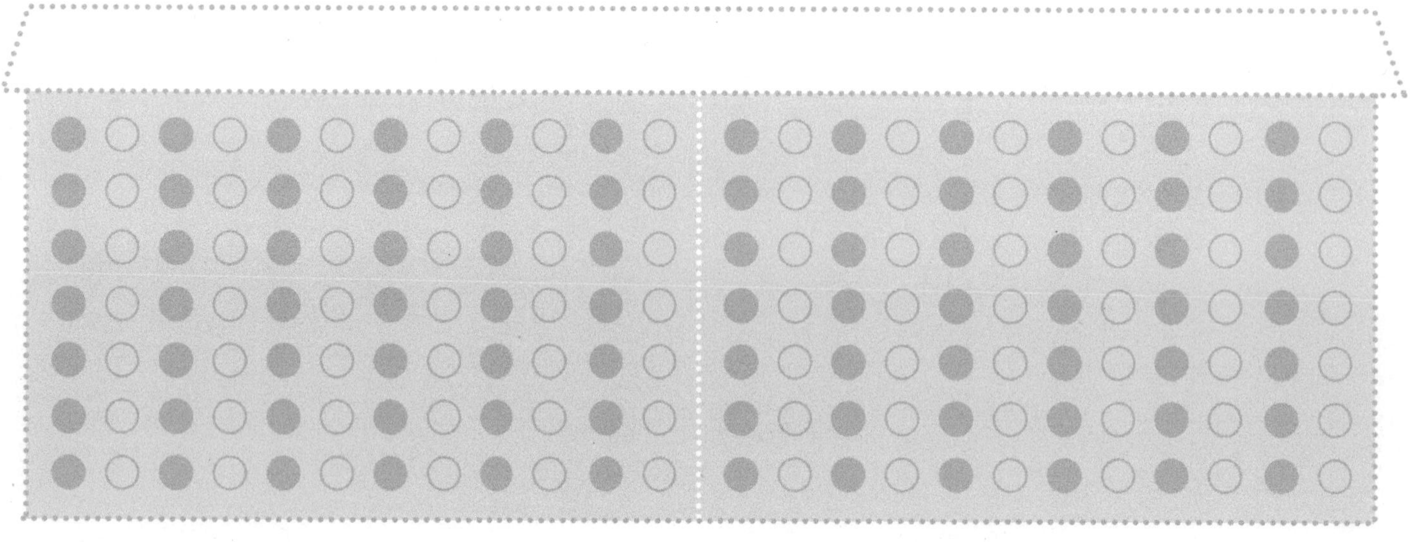

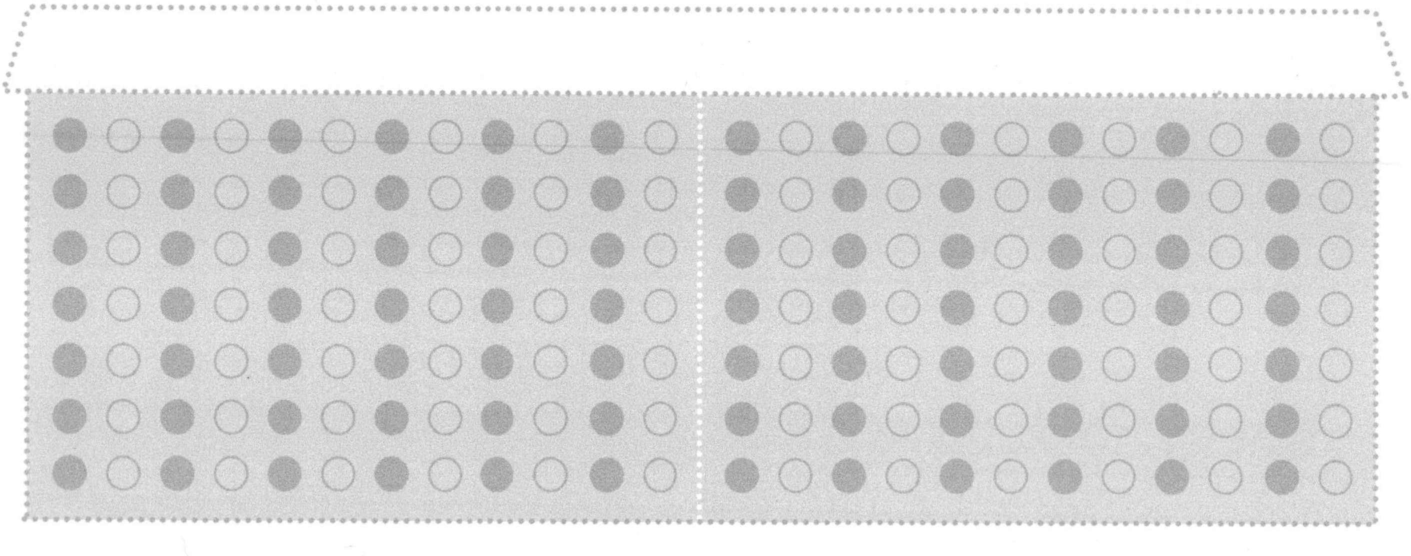

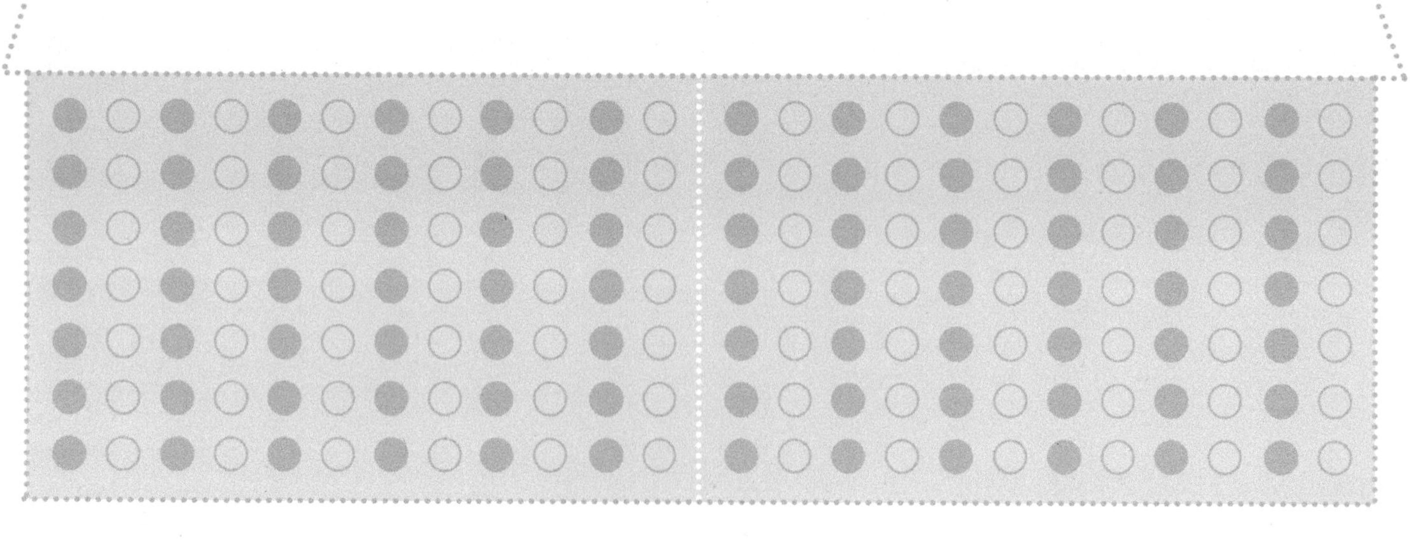

활동 9 우리 동네 꾸미기: 동작그림카드 세트

활동 지침서 97쪽

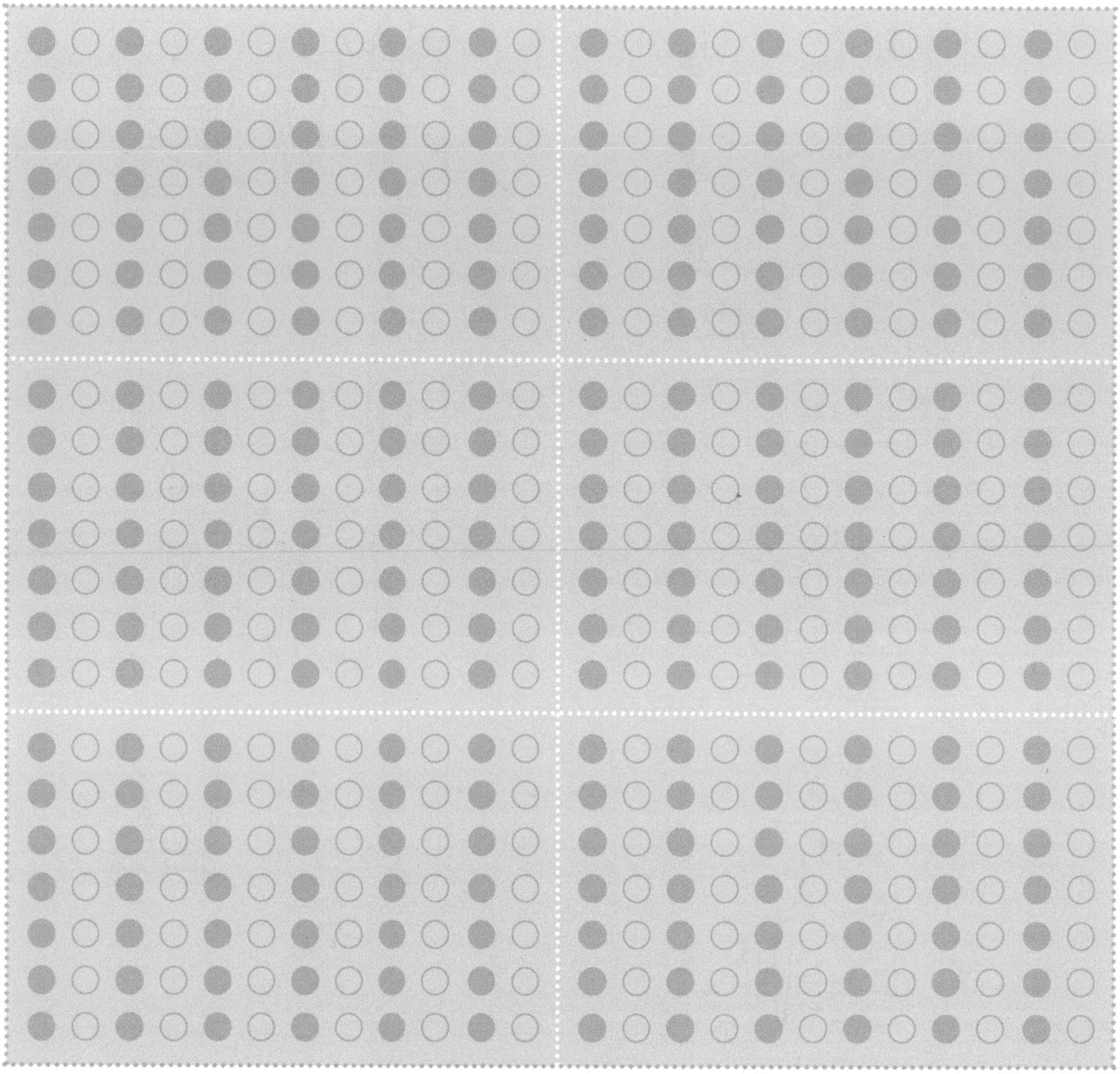

활동 9 우리 동네 꾸미기 : 동작그림카드 세트

활동 지침서 97쪽

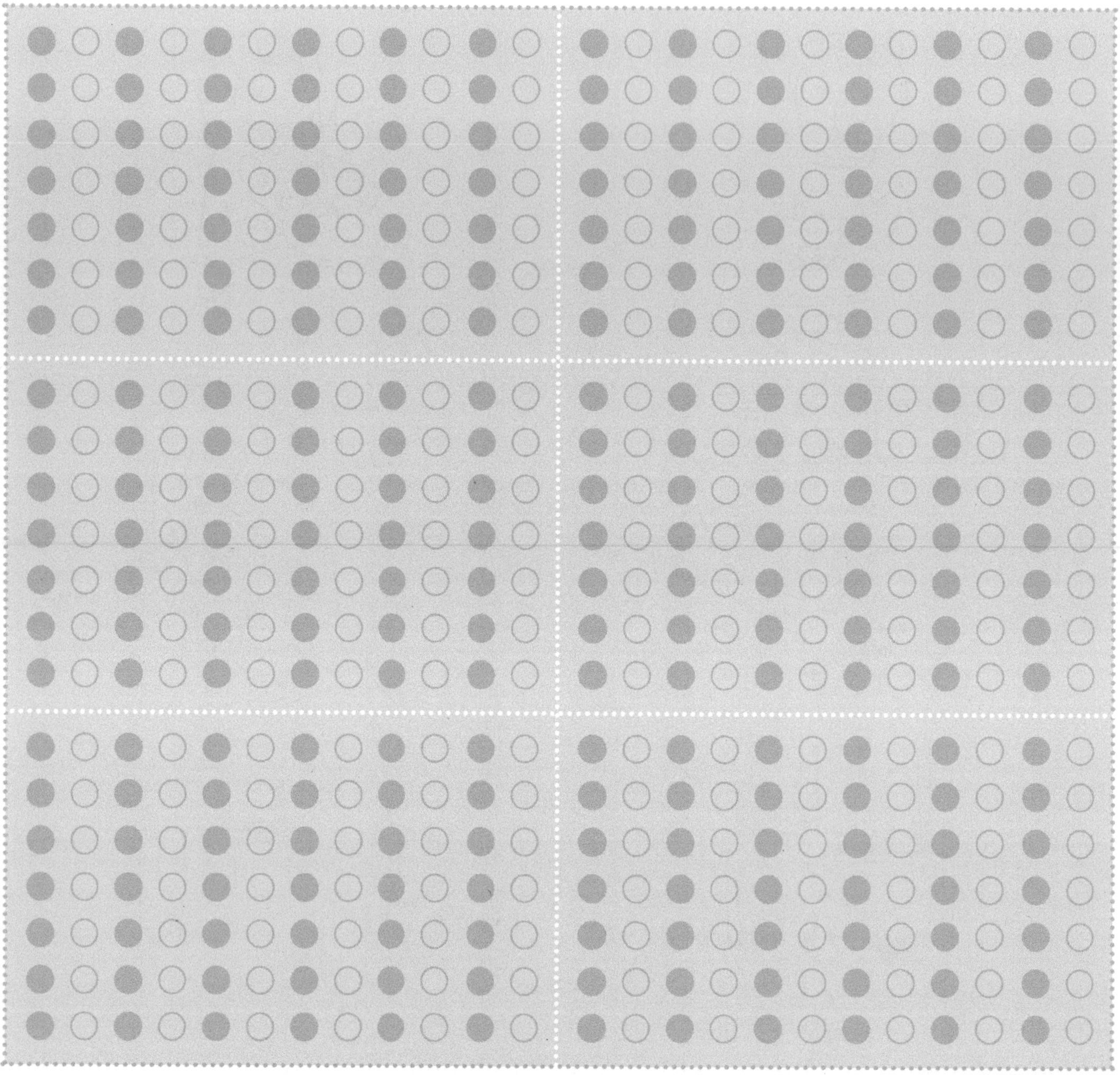

활동 9 우리 동네 꾸미기: 정답카드 세트

활동 지침서 97쪽

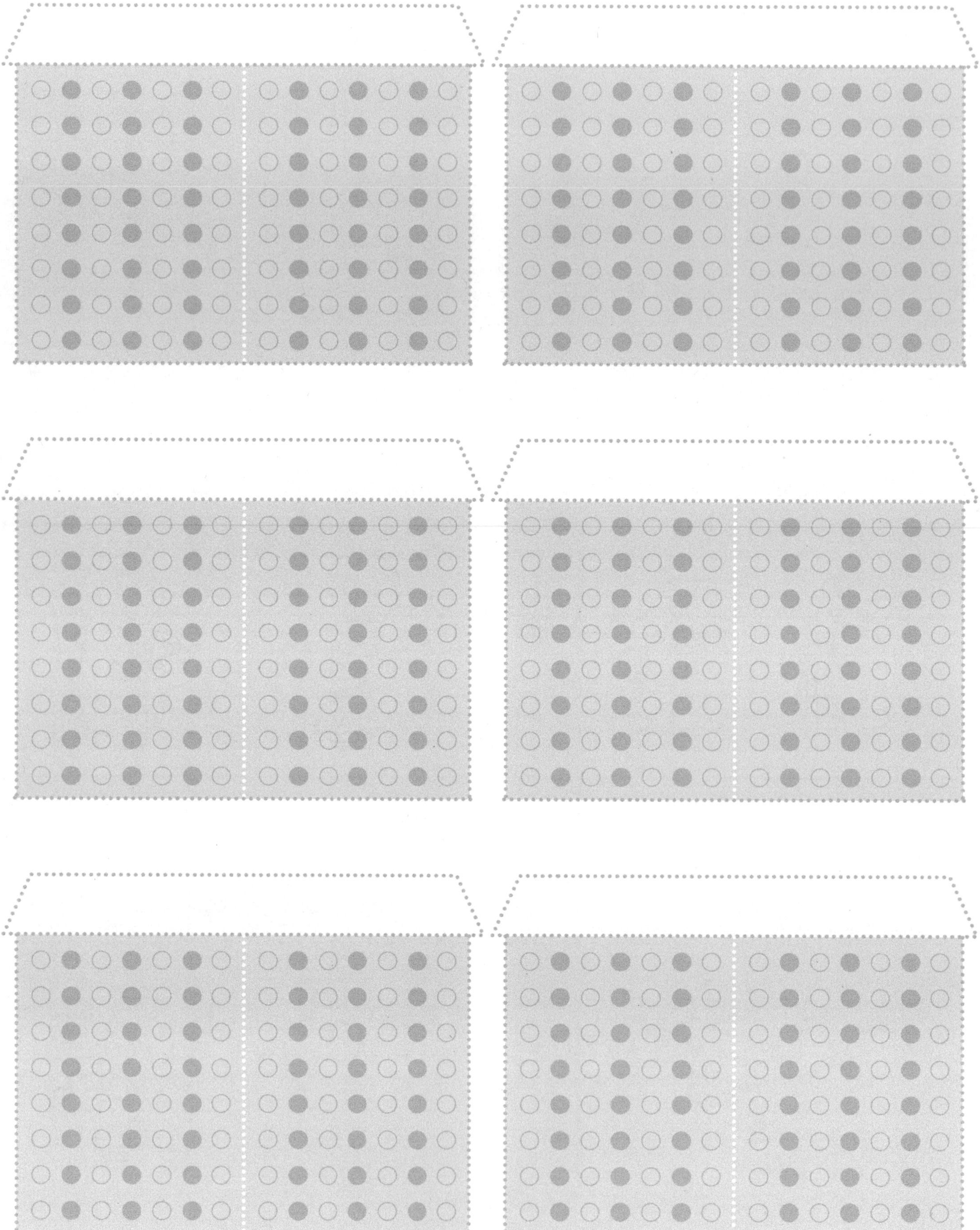

활동 9 우리 동네 꾸미기: 동네 약도

활동 지침서 97쪽

다음 밑그림을 2배 크기로 확대 복사해서 사용하세요.

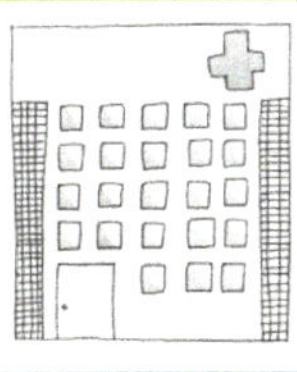

활동 10 상상그림 그리기 ①: '-기 전에'

활동 지침서 101쪽

활동 10 상상그림 그리기 ②: '-고 나서' '-ㄴ 후에' '-ㄴ 다음에' 활동 지침서 101쪽

마임: 문장카드 세트 ① - 단문

활동 지침서 104쪽

주스를 마셔요.	책을 읽어요.
거울을 봐요.	화장을 해요.
웃어요.	인사해요.
한 발로 뛰어요.	만세를 해요.
하품을 해요.	기지개를 켜요.
전화를 해요.	걸어요.
손뼉을 쳐요.	발을 굴러요.
피아노를 쳐요.	몸을 흔들어요.

1	2
3	4
5	6
7	8
9	10
11	12
13	14
15	16

얼굴을 찌푸려요.	뛰어요.
눈을 감아요.	걸어요.
입을 벌려요.	잠을 자요.
팔을 벌려요.	훌라후프를 해요.
팔짱을 껴요.	빙글빙글 돌아요.
주머니에 손을 넣어요.	공을 차요.
고개를 옆으로 돌려요.	악수를 해요.
무릎을 꿇어요.	망치질을 해요.

17	18
19	20
21	22
23	24
25	26
27	28
29	30
31	32

활동 11 마임: 문장카드 세트 ③: '-면서'

활동 지침서 104쪽

주스를 마시면서 책을 읽어요.	거울을 보면서 화장을 해요.
웃으면서 인사해요.	한 발로 뛰면서 만세를 해요.
하품을 하면서 기지개를 켜요.	전화를 하면서 걸어요.
손뼉을 치면서 발을 굴러요.	피아노를 치면서 몸을 흔들어요.

마임: 문장카드 세트 ④: '-고' / '-ㄴ 채'

활동 지침서 104쪽

얼굴을 찌푸리고 뛰어요.	눈을 감고 걸어요.
입을 벌리고 잠을 자요.	팔을 벌리고 훌라후프를 해요.
팔짱을 끼고 빙글빙글 돌아요.	주머니에 손을 넣고 공을 차요.
고개를 옆으로 돌리고 악수를 해요.	무릎을 꿇고 망치질을 해요.

9

10

11

12

13

14

15

16

저자 소개

윤혜련

이화여자대학교 문리대학 졸업
이화여자대학교 대학원 특수교육학 석사
이화여자대학교 대학원 언어병리학 박사
전) 이화여자대학교, 연세대학교, 나사렛대학교, 명지대학교 대학원 언어치료학과 겸임교수
한국언어장애전문가협회, 한국언어청각임상학회 총무이사 및 상임이사
현) 윤언어교육원 원장, 연세대학교 대학원 언어병리학 협동과정 겸임교수
1급 언어치료사
저 · 역서: 의사소통장애의 이해(공저, 학지사, 2010)
소그룹 언어치료의 이론과 실제(공저, 서울장애인종합복지관, 2008)
언어와 읽기장애(공역, 시그마프레스, 2008)
영 · 유아 언어발달 검사(SELSI)(공저, 도서출판 특수교육, 2003)

양수진

이화여자대학교 영어영문학과 졸업
이화여자대학교 대학원 언어병리학 석사
현) 윤언어교육원 언어치료사, 나사렛대학교 언어치료학과 출강
1급 언어치료사
저서: 재미있는 듣기 연습(공저, 군자출판사, 2004)

오세나

나사렛대학교 언어치료학과 졸업
단국대학교 대학원 언어치료학 석사과정 수료
현) 윤언어교육원 언어치료사
2급 언어치료사

이경아

서울대학교 졸업
이화여자대학교 대학원 언어병리학 석사
전) 아트박스 출판사 편집부 근무
덕암출판 편집부 근무
현) 윤언어교육원 언어치료사
1급 언어치료사

언어발달 촉진 프로그램

민이네 아침 풍경

❸ 구문촉진 활동 워크북

2012년 8월 10일 1판 1쇄 발행
2018년 4월 20일 1판 3쇄 발행

지은이 • 윤혜련·양수진·오세나·이경아
펴낸이 • 김 진 환
펴낸곳 • (주) 학지사
04031 서울특별시 마포구 양화로 15길 20 마인드월드빌딩 5층
대표전화 • 02) 330-5114 팩스 • 02) 324-2345
등록번호 • 제313-2006-000265호
홈페이지 • http://www.hakjisa.co.kr
페이스북 • https://www.facebook.com/hakjisabook

ISBN 978-89-6330-936-1 94370
978-89-6330-932-3 (set)

정가 15,000원